歴史文化ライブラリー
507

古代の食生活

食べる・働く・暮らす

吉野秋二

吉川弘文館

目　次

1　古代の食生活を復元するために

古代の食生活を復元するために――プロローグ

「慶安の御触書」と「貧窮問答歌」

「慶安《けいあん》の御触書《おふれがき》」という言葉を聞いたことがあるだろうか。慶安二年（一六四九）に幕府が発令した法令として、一昔前まで、高校日本史教科書に載せられていた史料である。その第一一条には、次のような規定がある。

一、百姓は分別もなく、末の考へもなき者に候故、秋に成候得ば、米雑穀をむざと妻子にも食はせ候。いつも正月、二月、三月時分の心をもち、食物を大切に仕るべく候に付、雑穀専一に候間、麦・粟《あわ》・稗《ひえ》・菜・大根、其の外何にても雑穀を作り、米を多く喰つぶし候はぬ様に仕るべく候。飢饉《ききん》の時を存じ出し候得ば、大豆の葉、小豆の葉、ささげの葉、芋の落葉など、むざと捨て候儀は、もったいなき事に候。

現代語訳すると

一、百姓は分別がなく、先のことも考えない者だから、秋になると、米・雑穀を惜しげもなく妻子に食べさせてしまう。常に正月、二月、三月頃の心を持ち、食物を大切にすべきだ。雑穀が第一で、麦・粟・稗・菜・大根、そのほか何でも雑穀を作り、米を多く食いつぶさないようにすべきだ。飢饉の時を考えれば、大豆の葉、小豆の葉、ささげの葉、いもの落ち葉なども惜しげもなく棄てるのはもったいないことだ。

「教科書」風に要約すると「百姓に対し、非常時に備え、日常は米食を控え雑穀食を心がけるよう促した法令」ということになる。

しかし、近年、この史料は教科書から消えつつある。発令主体・時期が怪しくなってきたからである。山本英二によれば、幕法ではなく、元禄十年（一六九七）に甲府藩領で発布されていた農民教諭書が、江戸時代後期に「慶安の御触書」として出版され広がったという（山本英二・二〇〇二）。

本書のテーマは、「古代の食生活」である。「江戸時代の百姓は、収穫した米の多くを年貢《ねんぐ》に巻き上げられ雑穀しか食べられなかった。古代の百姓はもっと貧しかったに違いない。」、「慶安の御触書」世代はそう考える。実際、次の史料は、現在でも多くの教科書が載せている。

風雑《まじ》へ　雨降る夜の　雨雑へ　雪降る夜は　術《すべ》もなく　寒くしあれば　堅塩《かたしお》を　取
りつづしろひ　糟湯酒《かすゆざけ》　うち啜《すす》ろひて　咳《しわぶ》かひ　鼻びしびしに　しかとあらぬ
髭《ひげ》かきなでて　我を除《お》きて　人はあらじと　誇ろへど　寒くしあれば　麻衾《あさぶすま》　引
き被《かがふ》り　布肩衣《ぬのかたぎぬ》　有りのことごと　着襲《きそ》へども　寒き夜すらを　我よりも　貧し
き人の　父母は　飢ゑ寒《こご》ゆらむ　妻子どもは　吟《によ》び泣くらむ　この時は　如何にし
つつか　汝が世は渡る

（答歌）
天地《あめつち》は　広しといへど　吾が為は　狭くやなりぬる　日月は　明《あか》しといへど　吾が
為は　照りや給はぬ　人皆か　吾のみや然る　わくらばに　人とはあるを　人並に
吾も作るを　綿も無き　布肩衣の　海松《みる》の如《ごと》　わわけさがれる　かかふのみ　肩に

うち懸け　伏廬《ふせいお》の　曲廬《まげいお》の内に　直土《ひたつち》に　藁《わら》解き敷きて　父母は　枕の方に　妻子
どもは　足の方に　囲み居て　憂へさまよひ　竈《かまど》には　火気《ほけ》吹き立てず　甑《こしき》に
は　蜘蛛《くも》の巣懸きて　飯炊《いいかし》く　事も忘れて　鵼鳥《ぬえどり》の　のどよひ居るに　いとのき
て　短き物を　端きると　云へるが如く　しもととる　里長《さとおさ》が声は　寝屋戸《ねやど》ま
で　来立ち呼ばひぬ　かくばかり　術なきものか

世間《よのなか》の道　世間を　憂しとやさしと思へども　飛び立ちかねつ　鳥にしあらねば

山上憶良《やまのうえのおくら》頓首謹上

山上憶良「貧窮問答歌《ひんきゅうもんどうか》」である。高校日本史の教材では、図1のような、奈良時代の竪穴住居の復元写真とセットで掲載されることが多い。「吹きさらしの住居に、大家族で生活し、麁末《そまつ》な衣服と寝具で寒さに耐え、米は食べられず安価な「堅塩」（塊になっている精製していない塩）や「糟湯酒」で飢えを凌いでいる」、古代の百姓の生活はそのようにイメージされるはずである。

しかし、「貧窮問答歌」に関しては、早くから、漢の揚雄《ようゆう》「逐貧賦」（『芸文類聚《げいもんるいじゅう》』貧）など漢籍の影響が指摘されてきた（稲岡耕二・二〇一〇）。敦煌《とんこう》で発見された王梵志《おうぼんし》という

図1　谷地前C遺跡の住居とかまど
（復元，福島県文化財センター白河館提供）

詩人の漢詩に着目し、これをアレンジしたとの説もある（菊池英夫・一九八三）。ちなみに問題の王梵志の漢詩は、「富饒《ふじょう》田舎児」と「貧窮田舎漢」の二部構成で、前者では地方官と癒着し資産を蓄積する富豪が描かれている。「貧窮問答歌」と内容が共通するのは、地方官の暴力的徴税に右往左往する貧民を描いた後者だが、貧乏をネタに笑いをとる内容で全体を通じて描写は喜劇的である。

平安時代以後、飲食を和歌に詠むことは避けられる（久保田淳・一九九七）。「貧窮問答歌」は、日常生活を大らかに詠む『万葉集』らしい歌である。しかし、その描写をそのまま社会の実態として一般化するのは難しい。

古代の食生活史料

筆者は、歴史書や古文書、古記録など、文字が書かれた資料（＝史料）を扱う文献史学の研究者である。「史料は新しい時代の方が多い」、「文字文化は、時代が下るほど社会の下層に広がり、日常生活に関わる史料が増加する」、それが文献史学の常識である。「古代は史料が少ない。だから食生活など具体的に分かるはずがない」、日本史の研究者も含め多くの人々はそう考えている。しかし、それは陳腐な先入観に過ぎない。

確かに、列島社会に文字が普及していない七世紀以前に関しては、史料は限られている。しかし、奈良時代・平安時代についていえば話は別である。

史料には、一次史料（その当時の生の史料。古文書、木簡など）と二次史料（編さん史料）がある。伝統的な日本古代史は、後者、特に『日本書紀』・『続日本紀』など、国家が編さんした正史（六国史《りっこくし》）を中心に進められてきた。

『日本後紀』延暦十六年（七九七）二月己巳（十三日）条は、『続日本紀』編さん時を回顧して「有るところの曹案《そうあん》三十巻は、語に米塩《べいえん》多く、事また疎漏《そろう》あり（現在手元にある曹案〈下書き〉三十巻は、つまらないことばかり載せてあり、重要な記事が漏れている）」と述べている。「米塩」は米・塩が日常食品であることから転じた語で「細かで煩《わずら》わしいこと」を意味する。六国史に食生活に関する記事が少ないのは、編さんの過程で「米塩」として削除されたのである。

しかし、次のような史料もある。平安時代後期成立の『江家次第《ごうけしだい》』元日節会（元日朝賀の儀の後、宮中で天皇が群臣に宴を賜わる儀）の賜饌《しせん》の式次第を記した部分である（近藤好和・二〇一七）。

（本文）

次いで臣下に餛飩《こんどん》を給う（中略）。次いで御箸《みはし》下る箸を鳴らし給う、臣下随いて箸を下す笏《しゃく》を揺すべし、近代台盤《だいばん》に倚《よ》す、或るは台盤に倚す、或るは尻下に置く、近代指さざる也。

（大意）

次に臣下に餛飩を給う。（中略）。次に御箸が下る。箸をお鳴らしになる。臣下が応じて箸を付ける。笏を挿す必要がある。近頃は台盤に立て掛ける。あるいは台盤に立て掛ける。あるいは尻の下に敷く。近頃は挿さない。

「餛飩」は麦粉をこね刻んだ肉を包んで煮たもの、「箸を鳴らし給ふ」は天皇が御膳に箸を付ける合図、臣下はその合図で箸を付ける、という意になる。

現在、「箸の上げ下ろし」は、「箸の上げ下げのような、細かな一挙一動のこと、細かなことにまで口やかましく言うこと」を意味する慣用句として用いる。先の「米塩」と同様、否定的ニュアンスが強い。

『江家次第』のように、朝廷における公務・宮中行事などの礼儀作法について、先例を引きながら記述した書物を儀式書と呼ぶ。勅撰のものと私撰のものがあるが、平安時代中期以後、後者が増加する。平安貴族は、儀式の際の食事の作法を「箸の上げ下げ」にいたるまで気にかけ、日記に記録し、儀式書を編さんして後世に伝えた。倉林正次は、こうした饗宴に関する史料を、『饗宴の研究』という全四冊（儀礼編、文学編、祭祀編、歳事・索引編）の大著にまとめている（倉林正次・一九六五〜一九九二）。

一次史料は、儀式書のような二次史料以上に食生活に関するものが多い。奈良時代の古文書の大多数は、東大寺正倉院に残された正倉院文書で、特に造東大寺司傘下の写経所文書の比重が大きい。その中には「食口帳《しょっこうちょう》」（使用した米の量と写経生の人数を日ごとに記した帳簿）など、食事に関するものが多数含まれている。宮内庁正倉院事務所に長年勤務した関根真隆は、正倉院文書に残る食品・食器などの情報を、正倉院宝物などとも照合した上で『奈良朝食生活の研究』に集成している（関根真隆・一九六九）。

復元の方法

古代の衣食住に関する研究は、「衣」と「住」に関しては重厚な蓄積がある。正倉院宝物や法隆寺堂塔のように、服飾や建築が「モノ」として残り、文化財として評価され、追究されてきたからである。「食」の分野は、そうした条件に恵まれていない。食物は食べるとなくなるからである。

「食」全般に関していえば、研究史が最も重厚な学問分野は、民俗学である。民俗学は、民間伝承・習俗を材料に、民俗文化、特に庶民の生活文化を研究する。しかし、一般に現代社会に残る伝承・習俗のルーツを直接的に遡源し得るのは江戸時代までで、それ以前は難しい。

明治政府が企画し、一八九六年（明治二十九）〜一九一四年（大正三）に刊行された『古事類苑《こじるいえん》』という百科史料事典がある。洋装本で全五一冊にも及ぶ大部なもので、江戸時代以前の主要史料が集成されている。服飾部・居処部など三〇の部立からなるが、その中に飲食部がある。日本の食生活史に関する出版物の多くは、これをネタ元にしている。しかし、『古事類苑』に載っているのは一部の史料に過ぎない。

『古事類苑』編さん以後に発見された史料もある。古代史に関していえば、そうした史料の代表は、木簡《もっかん》・墨書土器《ぼくしょどき》といった出土文字資料である。木簡は、内容から、文書木簡《もんじょ》（手紙の木簡、帳簿・伝票の木簡）、付札木簡《つけふだ》（租税を納める際の荷札木簡、保管の際のラベルの木簡）、その他（習書《しゅうしょ》・落書など）に分類される。荷札・付札の多くは米・塩・水産物などの食料に付されるものである。文書木簡にも、写経所文書同様、食事に関するものが少なくない。

古代史では、文献史学と考古学との学際的研究が日常的に行われている。考古学で最も基本的・普遍的資料は土器で、そのほとんどは、食膳具、調理具、貯蔵具など食事に関わるものである。文献史学の研究者が辞書を引きながら漢文史料を読み解くように、考古学の研究者は、実測などの方法で土器を観察し、モノとしての情報を読み取る。

ただし、考古学の土器研究は、モノとしての性格を直接的に追究しやすい生産局面（窯業《ようぎょう》としての側面）が中心で、消費局面に関する研究は遅れている。食事の際、土器がどのように管理・使用され棄てられるのか、資料論の基本が不明瞭なのである。この部分では、文献史学が考古学に意識的に情報を発信する必要がある。

木簡や墨書土器のほとんどは、他の考古遺物と共に、溝や井戸などの遺構から出土する。出土文字資料の文字情報は、同じ遺構に棄てられた土器の使用状況、すなわち食事の実態を復元する手がかりになる。それは、文献史学と考古学との学際的研究の推進にもつながるはずである。

奈良・平安時代に関していえば、おそらく、同時代の世界のどの地域よりも、日本列島は食生活を具体的かつ全体的に復元する条件に恵まれている。筆者は本書でそれを証明したい。

米と飯

一日の食米

「一日二玄米四合」

宮澤賢治（一八九六～一九三三）に「雨ニモマケズ」という作品がある。『百人一首』に収められた和歌などと同様に、多くの日本人に愛唱され続けてきた詩歌の一つである。この作品は次のように始まる。

雨ニモマケズ　風ニモマケズ
雪ニモ夏ノ暑サニモマケヌ　丈夫ナカラダヲモチ
慾《よく》ハナク　決シテ瞋《いか》ラズ　イツモシヅカニワラッテヰル
一日ニ玄米四合ト　味噌ト少シノ野菜ヲタベ

ここに「一日ニ玄米四合ト味噌ト少シノ野菜ヲタベ」という一節がある。米一合は約一五〇グラム、炊飯後は三五〇グラムになる。コンビニのおにぎりは大体一個一〇〇グラム、つまり「玄米四合」はおにぎり一四個分ということになる。

インターネットで「雨ニモマケズ　玄米四合」と検索すると、この一節を巡る「論争」が眼に入る。「食べ過ぎなのでは」、「質素な食事とはいえない」と疑問を呈する人、「昔は一升飯が珍しくなかった」、「おかずが少ないから」などと反論する人、「四合食べられるほど健康になりたいと思っていた」と推測する人など賑やかである。しかし、ほとんどの論者は、賢治の重要な一面を見落としている。

賢治は、一九三一年九月、上京中に病に倒れ、花巻の実家に戻り闘病生活を送るようになり、二年後の一九三三年九月に死去する。「雨ニモマケズ」は、彼が一九三一年秋頃に使用していた手帳に記されていた（小倉豊文・一九七八）。岩手県花巻市の宮沢賢治記念館で複製が展示されているが、縦一三・一センチ、横七・五センチの小さなものである。

賢治の死後、弟の静六が手帳を発見し、新聞記事による紹介を経て、一九三五年六月発行の『宮沢賢治研究』第二号に「雨ニモマケズ」が掲載された。その後、国定教科書や一

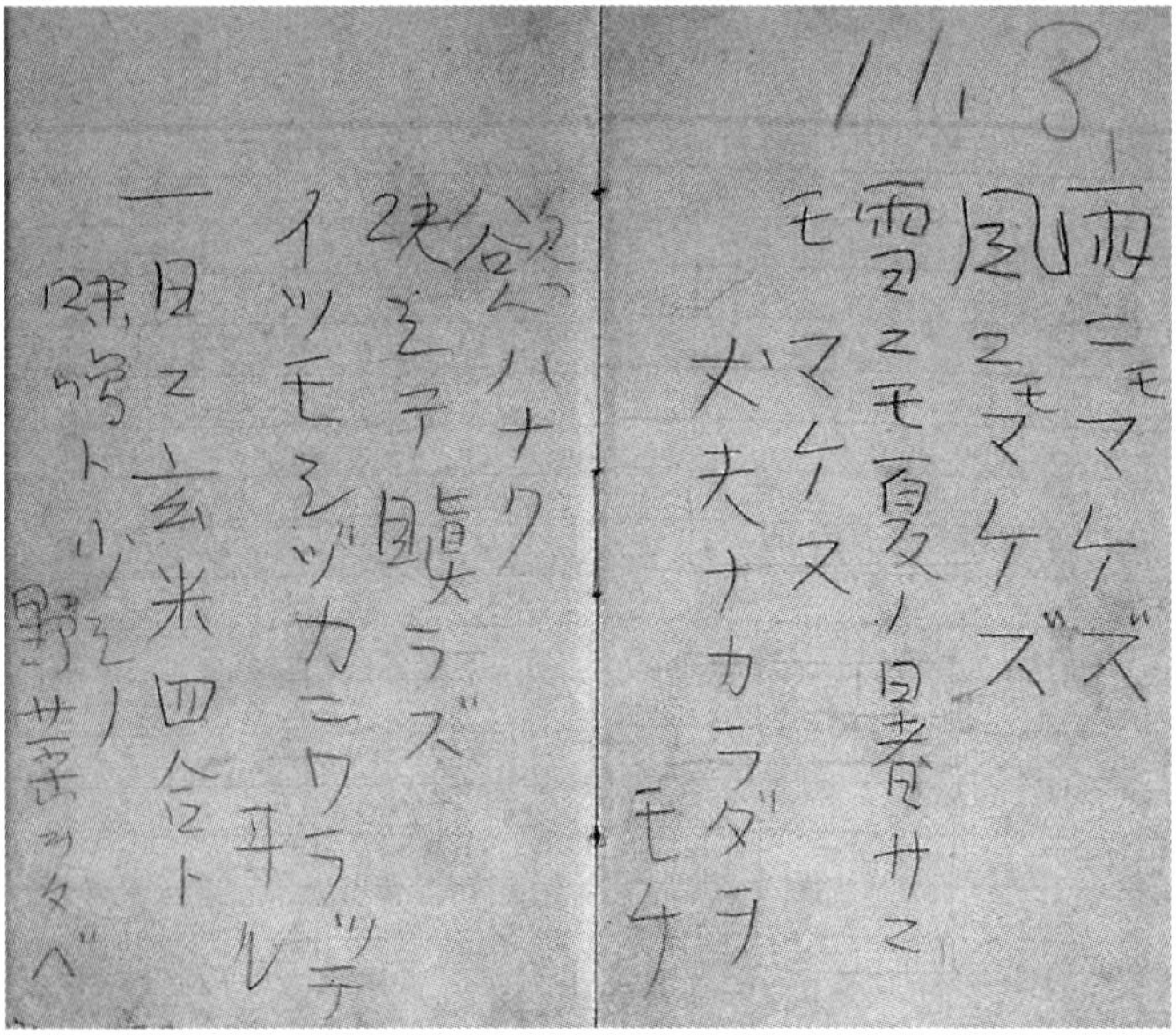

図2　宮澤賢治の手帳より「雨ニモマケズ」（部分，林風舎所蔵）

九三七年発刊開始の日本少国民文庫「人類の進歩につくした人々」などに採録され、一般に知られるようになった。

賢治は、日蓮宗の宗教団体国柱会《こくちゅうかい》の会員で、会から授与された「十界曼荼羅《じっかいまんだら》」写本の縮刷本を礼拝していた。手帳にも曼荼羅を写した箇所がある。彼は、浄土真宗の門徒である両親に、遺書で「……（私の死後）どうかご信仰といふのではなくてもお題目《だいもく》で私をお呼び出しください」と懇願したという。

賢治は、教育者・科学者でもあった。稗貫《ひえぬき》農学校（岩手県立花巻農学校に改称）の教諭をつとめ、一九二六年には「羅須地人協会《らすちじんきょうかい》」を設立、農学校卒業生や篤農家に、肥料など農業に関する講習を行った。ただし彼は、自身の信仰を理由に、菜食主義者的な食生活を送った（鶴田静・一九九九）。一九三四年には、「ビヂテリアン大祭」という童話まで発表している。

「一日ニ玄米四合ト味噌ト少シノ野菜」には、炭水化物、タンパク質、ビタミンという主要栄養素が包摂されている。しかし、動物性食品は含まれず、タンパク質は「味噌」で摂取される。「雨ニモマケズ」の食事は、「サウイフモノニワタシハナリタイ」という賢治の個人的理想をうたったものなのである。

「雨ニモマケズ」は、発表後、「人類の進歩につくした」偉大な文学者・農民指導者の作品として普及した。その影響は今日でも消えていない。ちなみに、一九四〇年代の国定教科書では、「玄米四合」を当時の米の配給量と睨み合わせ「玄米三合」に改定する「教育的配慮」がなされたらしい（井伏鱒二・一九六六）。

ところで、古代の人々は、一日どれぐらい米を食べたのか、史料に即して考えてみたい。

米の法定支給量

大宝元年（七〇一）の大宝律令《たいほうりつりょう》制定以後、朝廷は、唐の律令を模倣し律・令・格《きゃく》・式《しき》からなる法体系を整備した。律は犯罪・刑罰を定める禁止法、令は国家制度全般を定める基本法、格は律令の規定を増補修訂する法令（またその集成）、式は律・令・格を施行するための必要事項を定めた細かい規則である。養老年間（七一七〜七二四）に大宝律令を補訂した養老律令《ようろうりつりょう》が制定され、天平宝字元年（七五七）に施行された。

日本の場合、律は散逸したが、養老令に関して『令義解《りょうのぎげ》』・『令集解《りょうのしゅうげ》』、格に関して『類聚三代格《るいじゅうさんだいきゃく》』、式に関して『延喜式《えんぎしき》』といった典籍が残っている。これらにより、我々は、日本の律令制度をその変遷も含め、全体的に把握することができる。奈良・平安時代は、前近代では、国家制度の全体像が最も明瞭な時代である。

一方、唐の場合、律は『唐律疏議《とうりつそぎ》』として伝存したが、令の方は散逸してしまった。しかし、二十世紀末に北宋期の天聖令《てんせいれい》の写本が発見され、状況が大きく変化した。天聖令は、唐令《とうれい》（開元二十五年令）のうち北宋期に実用されている条文は唐令原文を生かして補正し、死文と化した部分は削除せずそのまま残すという方針で編さんされた。つまり、開元二十五年令の一部に関しては原文が判明し、条文の排列など基本的事項が明瞭になったのである。

律令条文は、規定内容により篇目《へんもく》という部立がなされる。発見された写本は天聖令全体ではなく巻二十一〜三十にあたる部分だが、田令《でんれい》・賦役令《ぶやくれい》・倉庫令《そうこれい》など一〇の篇目が含まれる。本書のテーマ「古代の食生活」に関していえば、倉庫令に公的業務従事者に対する食料の支給基準を年齢・性別・身分等により定めた条文が存在したことが明らかになった（武井紀子・二〇一五）。

残念ながら、倉庫令は『令義解』・『令集解』といった養老令注釈書の写本が例外的に失われた篇目で、対応する大宝令文・養老令文を直接的に知ることはできない。しかし、筆者は、日本の倉庫令にも、唐令に対応する規定が確実に存在したと推定している。

たとえば、醍醐天皇（八八五〜九三〇）の命により編さんされ、延長五年（九二七）に完成した『延喜式』には、次のような規定がある。

凡《およ》そ諸使の食法は、官人は日に米二升、塩二勺《しやく》、酒一升、番上《ばんじよう》は日に米二升、塩二勺、酒八合《ごう》、傔従《けんじゆう》は米一升五合、塩一勺五撮《さつ》。国司巡行の食の料はこれに准《なずら》えよ。

（『延喜式』主税寮《しゆぜいりよう》上・諸使食法条）

『延喜式』は式を官司別に編さんしたもので、平安時代中期以後も公家社会で公事の典拠として尊重され、有職故実《ゆうそくこじつ》的な研究の対象となった。式は、律・令・格の施行細則だから、内容はよくいえば具体的、悪くいえば繁雑である。中世・近世には、「只人なみにさしませ。あらむつかしの論語風や。あらいやの延喜式や」（『仮名草子・浮世物語』）のように、細かく堅苦しいことを言う人を嘲《あざけ》る代名詞としても使われた。

諸使食法条は、主税寮（諸国の田租の管掌、貯蔵施設における物品出納の監督等にあたる民部省被管の官司）に関する式の一つで、朝廷が地方に派遣する朝使《ちようし》（駅使《えきし》、伝使《でんし》など）一行に対する食料支給に関する規定である。「官人」は朝使となる官人、「番上」は交替制で勤務する下級職員、「傔従」は「官人」の従者である。

支給物は、米・塩・酒の三種、支給量は受給者の身分（職種）により調整されている。米の場合、「官人」に対する一日の支給基準は二升、身分の低い傔従は、二五％カットの一升五合とされている。

ちなみに、「升」「合」「勺」「撮」は、尺貫法による体積の単位である。一石＝一〇斗、一斗＝一〇升、一升＝一〇合、一合＝一〇勺となる。ただし、古代の一升は、現在の四合にあたる（四合五勺などとする説もある）。したがって、古代の米二升は、現在の八合ということになる。

同様の規定は、『延喜式』の他の部分や、『延喜式』以外の法制史料にも広く見えるが、米に関しては、やはり一日二升を基準とし、職種・勤務時間により調整（基本的には漸減）している。律令に存在した親規定をベースに、各官司で実情に応じた法制が制定されたのだろう。

表1　天平勝宝２年10月12日「造東大寺司解」に記された人別食料支給

	経師	題師	装潢	校生	雑使
米	２升	２升	２升	１升６合	１升２合
塩	６勺	６勺	６勺	６勺	６勺
醤	１合	１合	１合	８勺	
末醤	１合	１合	１合	８勺	
酢	５勺	５勺	５勺	５勺	
糟醤	１合	１合	１合	１合	
海藻	２両	２両	２両	２両	２両
滑海藻	２両	２両	２両	２両	２両
心太	２両	２両	２両	２両	
芥子	２勺	２勺	２勺	２勺	
油	４勺	４勺	４勺		

写経所文書

では、現実の古代社会で、食料はどのように支給されていたのか。一次史料に目を向けてみよう。

先に述べたように、奈良時代の古文書のほとんどは正倉院文書で、その多くは造東大寺司傘下の写経所の文書である。表1は、天平勝宝二年（七五〇）十月十二日「造東大寺司解《ぞうとうだいじしげ》」という文書から、大般若経という経典の写経に動員された人々に支給された一日分の食料を身分別にまとめたものである。経師《きょうじ》は経文の書写を行う人、題師《だいし》は経巻の題目を表紙に書き込む人、装潢《そうこう》は経の表装、和紙の紙継ぎ・裁断などを行う人、校生《こうせい》は誤字・脱字等のチェックを行う人、雑使《ぞうし》は雑務従事者

図3　写経所雑使の食事（復元，奈良文化財研究所提供）

である。

待遇は、高度な技能を要する経師・題師・装潢が最もよく、次が校生、最も悪いのが雑使の順になる。経師・題師・装潢は米・塩と海藻・滑海藻《まなかし》に加え、醤《ひしお》・末醤《みそ》・酢・糟醤・心太《ところてん》・芥子《からし》・油を支給される。米の支給量も二升と多い。一方、技能をもたない雑使に対する支給物は、米・塩と海藻・滑海藻のみ、米の支給量も一升二合である。

図3は、かつて博物館の特別展で「庶民の食膳」として展示された模型で、玄米飯、ゆでた野蒜《のびる》、海藻の汁、塩からなる。写経所の雑使の食事は、概ねこのようなものである。経師・題師などには副食が多種類支給される

が、写経は仏事なので、支給品に魚類も含め動物性タンパク質が含まれることはない。

次に木簡を見てみよう。

長屋王家木簡

一九八〇年代末、平城京左京三条二坊の発掘調査で、奈良時代前期の政治家長屋王《ながやおう》の邸宅跡が発掘され、「長屋王家木簡」という数万点規模の木簡が出土した。木簡は、長屋王邸内外のさまざまな部署で作成され、多種・多様な内容をもつが、最終的には政所《まんどころ》（家政全体の運営を統括する部署）に送られ廃棄された（寺崎保広・一九九九）。長屋王家木簡で最も多いのは、米などの支給を記録した伝票形式の木簡である。

木簡①・小子十三口米六升半受黒万呂　○
　　　・　　　八月廿日大嶋　○

木簡②・鏤盤所　長一口米二升　帳内□〔二〕口一升　銅造一口二升半　雇人二口四升　右五人米九升半受龍万呂　○
　　　・　十二月廿六日　可加流「稲栗」　稲虫　○

木簡③・鋳物所　鋳物師二人　雇人一口　四升　○
・右三人飯一斗二升　受□万呂 閏月十二日　山万呂　○

木簡④・鋳物師二口飯八升帳内一口二升雇人一口四升　○
・右四人一斗四升受［　］　○

右に列挙したのは、木簡の墨書を判読した「釈文」というものである。釈文には、ルールがある。現物の木簡は、図4（木簡①の写真）のようなものである。

木簡①は、縦二一・九センチ、横二・六センチ、厚さ二ミリ、長方形でほぼ完存している。冒頭の二つの「・」は、表・裏両方に文字が書かれていることを示す。文字を判読できない場合、字数が分かる場合は□、分からない場合は［　］で記す。木簡②「稲粟」の「　」はこの部分が別筆であること、○印は人為的に空けた穿穴があることを示す。長屋王家政所は、この種の木簡を、単語カードのように穿穴に紐を通してまとめ、一定期間保管し、情報を帳簿に集約した後、廃棄したと考えられる。

本書に引用した木簡は、すべて奈良文化財研究所のホームページのデータベースで検

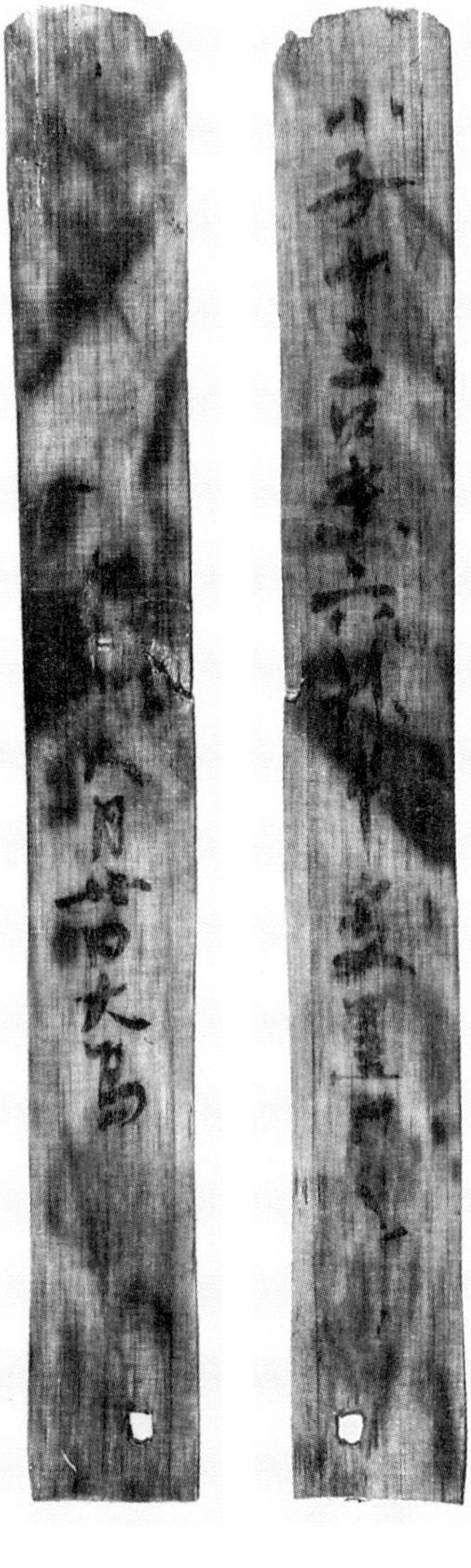

図4　伝票木簡の実例（木簡①、奈良文化財研究所提供）

索できる。木簡を掲載した報告書等の情報も掲載されているので参照して欲しい。

では、木簡の検討に移りたい。伝票木簡は、被支給者名＋支給品目・数量＋（「受」「授」）受取人名＋日付＋支給担当者名という構成をとる。木簡①の場合、八月二十日付で、担当者の大嶋が、小子一三人に米六升半を受取人の黒万呂を介して支給した、ということになる。

これらは、邸内の食料支給担当部署が作成した支給控で、一定期間ごとに食料支給担当部署から政所に回送され、監査・集計後、廃棄された。伝票木簡の品目記載は、木簡①をはじめ「米」が圧倒的に多く、「飯」が続き、「粥米」「粉米」、「塩」「海藻」「醬《ひしお》」などが数点ある。

「米」か「飯」か

木簡①②の支給品目は「米」、③④は「飯」である。木簡①の場合、小子一三人で六升半だから、一人あたりの支給量は五合になる。このように小子への「米」支給を記録した伝票木簡は他に数点あるが、支給量は五合の場合と一升の場合が相半ばしている。

列島社会において、一日三食が全社会階層におよぶのは江戸時代のことで（酒井伸雄・二〇一九）、奈良・平安時代は朝・夕二食が一般的だった。律令でも、造営事業に従事する役夫《えきふ》の給食に関して、疾病や雨天で仕事ができない場合には、二食の内一食分を減らす旨の規定がある（賦役令役丁匠条）。長屋王家では、小子への給米を、一食分を五合、一日分を一升としていたのだろう。

先に見たように、律令官司では、公務従事者に対する一日の給米は、米二升を基準としていた。ただし、これは成年男子の場合である。小子は四歳〜一六歳の若年者で、成人より相対的に負担の軽い職務に従事する。したがって、支給量は成人と比べ少なめに設定されているのである。

次に木簡②〜④を見てみよう。これらは、いずれも「鋳物所《いもの》」（金属をとかし、鋳型に流し込んで器物を製造する部署）、「鏤盤所《ろばん》」（寺院の塔の上にある方形盤を製造する部署）など金属加工関係部署に属する工人等を対象とするものである。

木簡②の場合、「鏤盤所」の「長」「銅造」「帳内」「雇人」各一人に対する支給量は、各々二升、二升五合、一升、二升だから、「帳内」以外は一日分である。こうした手工業関係部署を対象とする「米」支給木簡を概観すると、技術者・雇人（雇傭労働者）への支給量は、ほぼ二升で一定している。一方、「銅造」への支給料は二升五合で指揮・監督役の「長」よりも優遇されている。

上級貴族の家政機関は、律令に基づいて設置されたもので公的性格を有した。公的家たる長屋王家は、律令官司に準じた方式で米を支給し、一日・一食単位で木簡に記録したと考えられる。特殊技能者への優遇も、先に写経所文書で見たように一般的慣行である。

注意すべきは、「飯」の支給を記す木簡③④の支給量が「鋳物師」「雇人」分が一人四升、「帳内」分が一人二升で、木簡②の「米」の事例の倍量になっていることである。こうした現象は②〜④に限らず、長屋王家の「飯」支給木簡全般で確認できる。たとえば、「小子」を対象とする「飯」支給木簡は七点あるが、すべて支給量は一人二升で、「米」の場合の一日一升の倍量になっている。

米は炊飯時に水を吸収し、かさが増す。長屋王家の場合は、飯で支給する場合には、炊飯時の米の膨張を二倍に換算したのだろう。盛り付け方にもよるのだが、現在の炊飯の常識ではもう少しかさが増すのでは、と少し不思議である。燃料や手間賃など調理に伴う経費を考慮し、少なめに換算値を設定したのかもしれない。

炊飯と給飯

「飯」の種類

『延喜式』大炊寮《おおいりょう》・中宮等雑給条では、中宮職・図書寮《ずしょりょう》・蔵人所《くろうどどころ》に勤務する官人に毎日支給する食について次のように規定している。

中宮の雑給日別に米四斗は平飯料、六升は磨飯料、図書寮日に米四升、同寮紙工一人日に米二升、（中略）蔵人所日に米二斗、女蔵人日に米一斗三升、上飯二斗料、御膳宿采女《うねめ》日に米五升、次飯一斗料、御厨子所《みずしどころ》米八升膳部六人、日に米四升八合、破飯一斗二升料、女孺《にょじゅ》四人、日に米三升二合、破飯八升料、（中略）

右、日毎の料は、前件に依り、熟食を充てよ。

支給物には、米と飯があり、飯には「平飯」・「磨飯」・「上飯」・「次飯」・「破飯」の五種類がある。「平飯」は精白度の低い米で炊いた飯、「破飯」は、米を小さくひき割って炊いた飯、「上飯」「次飯」は米のランクによる種別と考えられている（相曽貴志・二〇〇七）。ただし、用例が少なく内実を確定するのは難しい。

最初の傍線部「日に米一斗三升、上飯二斗料」は、米一斗三升が「上飯」二斗に相当することを示す。他も同様に考えると、「次飯」は米五升に対して一斗なので二倍、「破飯」は米四升八合に対して飯一斗二升、三升二合に対して八合なので二倍半となる。長屋王家木簡と同じ換算率になるのは、「次飯」である。換算率が異なるのは、米の種類・状態で炊く際の水の量が異なるためだろう。

現代の一般的流通米による実験では、炊飯後の重量は二・二倍〜二・四倍になる（倉沢文夫・一九八二）。米の重量の一・二倍〜一・四倍、水が加わったことになる。ただし、炊飯に必要な水の量は、加熱中に一部が蒸発するので、米の約一・五倍、容積に直すと、米の一・二倍になる（新米では一・一倍、収穫して一年くらいの米は一・二倍、古米は一・三倍くらい）。飯の硬い、柔らかいは好みが分かれるが、こうした実験では、最大多数が美味しいと感じる平均値が採用される。

現代の日本人にとって、米は炊飯器で調理するものである。高級炊飯器には、「土鍋炊き」、「炭火炊き」、「竈《かまど》炊き」などを謳い文句にするものが多い。

「蒸す」か「煮る」か

「はじめチョロチョロなかパッパ、ジュウジュウいうとき火を引いて、赤子泣くとも蓋《ふた》とるな」という言葉がある。はじめは弱火で釜全体を温め、中頃は強火で加熱する。沸騰したら火を弱め最後は蓋を取らずに余熱で蒸らす、という飯炊きの極意を示す。この炊き方は、正確には「炊き干し」と呼ばれる。

「炊き干し」は、基本的に米を水で「煮る」調理法だが、水が少なくなると「蒸す」状態になる。こうすると米のでんぷん成分が米粒の中に閉じ込められ、ふっくらとつややかな飯に仕上がる。現代日本人は、炊飯器のおかげで、ほとんど手間をかけずに、竈に土鍋を置き、炭火で炊いたような米を味わうことができる。

先に引用した「貧窮問答歌」には、「竈《かまど》には　火気《ほけ》吹き立てず　甑《こしき》には　蜘蛛《くも》の巣懸きて　飯炊《いいかし》く　事も忘れて」とあった。「甑」は蒸し器である。大化二年（六四六）三月

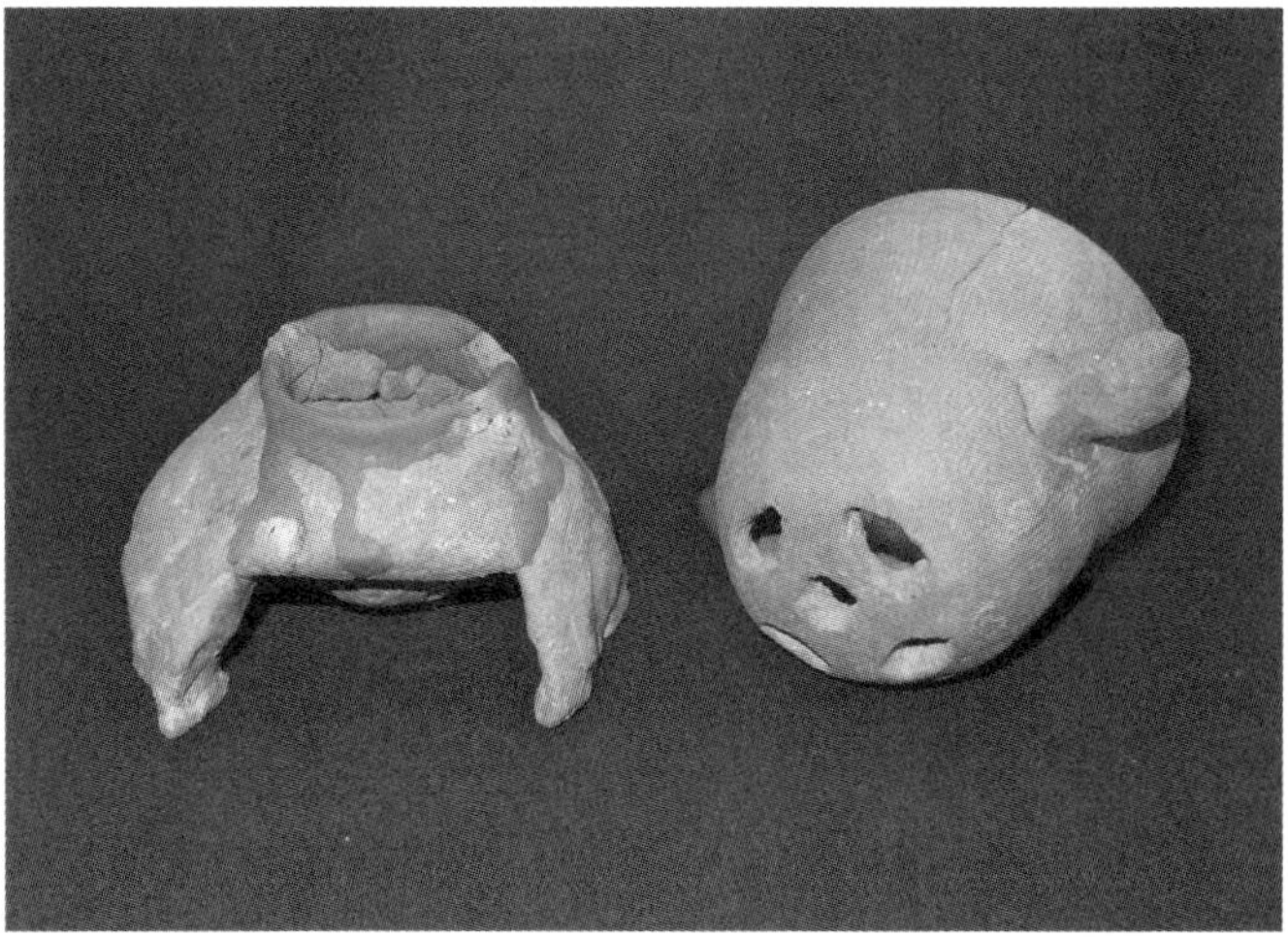

図5　ミニチュア竈と甑（巨勢山408号墳出土，御所市教育委員会所蔵，大阪歴史博物館提供）

に発令された詔では、他人の甑を借りて炊飯した時、その甑が転倒した場合、甑の持ち主が祓除《はらえ》を強要する習慣が愚俗の一つとして禁止されている。この習慣は、竈に神がやどるという竈神に関する禁忌と考えられる。

佐原眞は、土製の甑の出土事例が少ないことに着目し、米の調理法は甕などで煮る方が一般的で、米を蒸すのは祭祀など特別な場合だったと推定する（佐原眞・一九九六）。甑が祭祀で用いられたことは、古墳時代の渡来人の集落遺跡などで儀礼用のミニチュア甑が出土する事例が多いことからも裏付けられる。

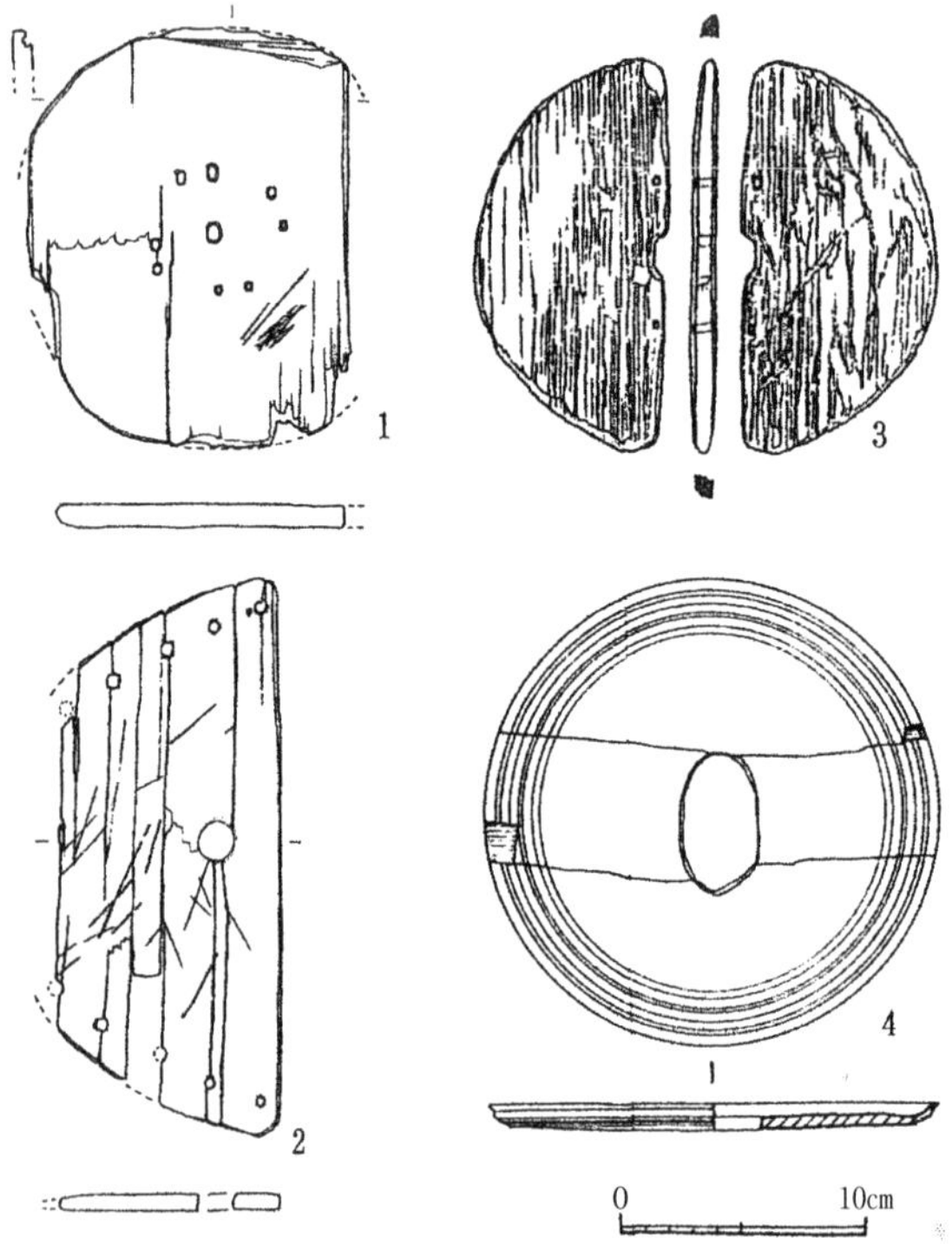

図6　木製甑出土例（坂井秀弥・2008）

1・2新潟県鶴巻田，3福島県佐平林，4奈良県平城宮

しかし、佐原説は、文献史料の情報とは整合しない。『倭名類聚抄』では「甑」は木器に分類されている。現代の蒸し器付の鍋のように、木製甑と甕を組み合わせる方式で炊飯したのだろう（坂井秀弥・二〇〇八）。木製品は有機物のため土器とは異なり考古遺物として残りにくいが、図6のようにこうした推測を裏付ける遺物の出土事例もある。

ちなみに、米を「煮て」できたものは「粥《かゆ》」と観念された。正倉院文書には「粥」が相当な頻度で登場し、日常食だった様子が窺える。実質的には、米の調理法として「煮る」と「蒸す」が併用されていたのである。残った冷飯を煮て「粥」にする場合もあったかもしれない。

飯支給の特質

長屋王家では、食料支給担当部署が、米と飯の両方を支給していた。では、米の支給と飯の支給は、どのように使い分けられたのだろうか。

七世紀後期以後、朝廷は、天皇の即位、立太子、祥瑞《しょうずい》出現などの国家の慶事、または飢饉《ききん》、疫病の流行などの際に、「賑給《しんごう》」という人民に物品を支給する行事を行った。支給物品で最も多いのは米・穀《こく》（籾《もみ》がついたままの米）で、布などを支給する場合もあった。

律令制において、公民は、班給《はんきゅう》される口分田《くぶんでん》の面積に応じて毎年租《そ》を納めた。賑給の際に、米・穀が支給されるのは、租の再分配という意味がある。米・穀は、長期間の保管が可能で、律令制社会では現物貨幣（一般的等価物）としても機能していた。したがって、賑給の支給物として多く利用された。

『扶桑略記《ふそうりやっき》』（裏書）延長八年（九三〇）二月六日条には、次のような記述がある。

米百石・穀四百石をもって、左右京病者・窮人《きゅうじん》等に賑給す。ただし、件の米の内、五斗を以って条毎に炊飯し給ふ。飢急者のためなり。

平安京左京・右京の病者・飢窮者を対象とする賑給だが、支給物として米と穀を準備した上で、米の一部（五斗分）を飢窮者のために「条毎」に炊飯している。八・九世紀の賑給の支給物は米・穀が一般的だが、貞観二年（八六〇）五月の淳和太后斎会（僧尼を招いて仏事を修し、斎を施す法会）の事例を初例として、仏事の際の施行では、飯の支給事例が増加し、平安時代後期には一般化する。

飯での支給の利点は、すぐに「食べられる」ことにある。平安京は南北九条（約五・三キロ）なので約六〇〇〇メートルごとに「炊き出し所」を設置し、飢窮者を救出したわけである。ただし、飯は長期間保存できない。

正倉院文書には、造東大寺司傘下で石山寺造営にあたった造石山寺所に関する古文書が多数残されている。造石山寺所では、仕丁の日ごとの食米二升のうち、八合を「半食残」という名目で貯蓄し、月末に米で支給していた（彌永貞三・一九八〇）。また残りの一升二合分に関しても、一部を酒、薬、副食物に充当するケースもあった。この方式を採れば、飯の支給量は、基準より四割以上減ることになる。

ただし、同じ造石山寺所でも、一日二升（現在の八合分）の食米をすべて炊飯に充てた事例がある。臨時の飯の過不足は、支給者側・受給者側双方で日常的に発生したはずである。その際、いかに対処したのか、この点は少し後で考えてみたい。

酒の醸造と経済

酒の醸造主体

図7は、京都市下京区上柳町（平安京の条坊では左京六条三坊五町跡）で行われた発掘調査の航空写真である（京都市埋蔵文化財研究所・二〇〇五）。遺構の年代は室町時代、列をなす丸い穴は、甕《かめ》を据え付ける埋甕《うめがめ》遺構で、三〇四基分も検出された。

室町時代の酒屋

調査を担当した京都市埋蔵文化財研究所は、この遺構を室町時代の酒屋跡と考えている。応永三十二年（一四二五）・三十三年の北野社の「酒屋名簿」によれば、洛中洛外に合計三四七軒の造酒屋があり、その大半が金融業である土倉《どそう》を兼営していた。下京、特に四条

図７　室町時代の酒屋跡の発掘調査（京都市埋蔵文化財研究所提供）

図8　刺突痕のある埋甕（京都市埋蔵文化財研究所提供）

通周辺には、多数の酒屋・土倉が集中し町衆の中核を担った。彼らは、八坂神社《やさかじんじゃ》の氏子として祇園祭《ぎおんまつり》の際には山鉾《やまほこ》を出し奉仕した。室町幕府は、彼らの営業特権を保証する一方で、酒屋役を課し主要財源とした。

発掘調査では、図8のように、底に刺突痕のある埋甕も発掘されている。十五世紀に北野社の麴《こうじ》販売権独占が認められると、違法な麴室《こうじむろ》は破却された。また徳政令《とくせいれい》によって、酒屋・土倉が破却対象とされることがあった。刺突痕はその痕跡と考えられている。

室町時代以後の酒屋の歴史に関しては、酒造用の麴を製造・販売する麴座《こうじざ》に関するものも含め研究の蓄積があり（小野晃嗣・一九八一）、その成果は高校の日本史教科書にも反映されている。しかし、鎌倉時代以前に関しては研究が少ない。ここでは、酒の生産・流通・消費の実態を古代に遡って考えてみたい。

古代の酒造と女性

平安時代初期成立の説話集『日本霊異記《にほんりょういき》』の中巻三十二縁「寺の息利の酒を貸り用いて、償わずして死に、牛と作《な》りて役《つか》われ、債を償いし縁」の冒頭の部分である。

聖武天皇のみ世に、紀伊国名草郡《なくさぐん》三上村の人、薬王寺の為に、知識を率引《ひきい》て、普《あまね》く薬分を息《いら》しき。薬王寺、今は勢多寺と謂ふなり。其の薬料の物を、岡田村主《おかだのすぐり》の姑女《おばめ》が家に寄せ、酒を作り利を息しき。

この話の舞台は、奈良時代中期の紀伊国名草郡（現在の和歌山県和歌山市付近）である。村人は、薬王寺の薬料の財源を得るため、岡田村主姑女を責任者として、酒を醸造し、貸し付けていた。引用部分に続く場面では、負債を返済せずに死亡した者が、牛となって負債を返済する様が描かれている。

『日本霊異記』には、他にも酒の貸し付けに関する説話がある。

田中真人広虫女は、讃岐国美貴郡《みきぐん》の大領《だいりょう》、外従六位上小屋県主宮手《おやのあがたぬしみやて》が妻なり。八の子を産み生し、富貴にして宝多し。馬牛・奴婢《ぬひ》・稲銭・田畠等有り。天年道心《ひととなり》無く、慳貪《けんどん》にして給与《あた》えること無し。酒に水を加えて多くし、沽《う》りて多くの直《あたい》を取る。貸す日は小さき升にて与え、償《かえ》す日は大きなる升にて受く（後略）。

下巻二十六縁「非理を強いて以て債《もののかい》ヲ徴《はた》り、多の倍を取りて、現に悪死の報を得し縁」の冒頭部である。主人公は、讃岐国美貴郡の大領（郡司の長官）の妻で、馬牛・奴婢・稲・銭・田畠等を所有している。彼女は、酒や稲の販売・出挙《すいこ》（貸し付け）によって富を蓄積するが、その際、酒に水を足す、枡《ます》をごまかすなど、不正を働いていた。その結果、彼女は、引用部に続く場面で、閻魔王《えんまおう》から仏罰を受け、死後しばらく、上半身が牛となってしまう。

古代農村の有力者（富豪層）の経営は、馬牛・奴婢・稲・銭・酒といった動産を中心に営まれていた（戸田芳実・一九六七）。広虫女に下された仏罰は、利子の取り過ぎなどの不正に対するものである。酒の販売や出挙、それ自体は正当な経済行為で、説話の設定もそれを前提としている。

二つの説話では、いずれも女性が酒の醸造・管理・運用の責を負っている。古代社会では、家事をつかさどる女性を「刀自《とじ》」と呼ぶ。現在、酒を醸造する職人の長《おさ》を「杜氏《とうじ》」と呼ぶが、その語源を「刀自」に求める説もある。杜氏が男性に限定されるのは、江戸時代以後のことである。

一九九四年に尾瀬あきらの漫画を原作とする『夏子の酒』というテレビドラマがヒットしたことがあった。主人公の夏子は、新潟の造酒屋の娘で、急死した兄の志を引継ぎ、幻の酒米「龍錦」を使った酒の醸造に取り組む。夏子は、男性社会の酒造業で孤軍奮闘する女性として描かれていた。現在でも女人禁制の「伝統」を守る酒蔵は少なくない。

『日本霊異記』を素材に、もう少し、酒の醸造と女性との関係を探ってみよう。

新婦への贈り物

中巻三十四縁には、平城京右京南辺の殖槻寺《うえつきじ》周辺を舞台とする。「孤《みなしご》の嬢女《おうな》、観音の銅の像を憑《よ》り敬ひて、奇《あや》しき表《しるし》を示し現報を得る縁」という話がある。両親が突然死去し、零落した家に残された主人公は、持仏堂の観音像に幸運を祈るばかり。その主人公を、富豪の男が見そめ熱心に求愛し、ある日二人は主人公宅で結ばれる。その後主人公宅に滞在した男は、三日目に食事を求める。しかし、彼女には饗応の術はなく、観音像に「私に恥をかかせないで。今すぐ財物を施してください。」と祈願する。そこへ、突然、隣家に仕える乳母が訪ねてくる。

爰《ここ》に日の申時《さるのとき》に、急に門を叩きて人を喚《よ》ぶ。出でて見れば、隣の富める家の乳母あり。大櫃に百味の飲食を具《そな》え納れ、美《うま》き味《あじわい》芬馥《かぐわ》しく、具わらぬ物無く、器はみな鋺《かなまり》と楪子《うるしのさら》となり。すなわち与えて言わく「客人ありと聞く。故に隣の大家、具《もう》けて物を進《たてまつ》り納る。ただ器は後に給え」という。

主人公は、身に着けていた垢《あか》で汚れた黒い衣を、謝礼として乳母に与えて感謝する。後日談によれば、乳母は観音の化身で、日ごろの熱心な信仰に応え主人公を扶助したのだった。

本話では、引用部の前後で男の呼称が「壮《おとこ》」から「夫」に変化している。この饗応は婚姻儀礼の一環をなすもので、したがって彼女は饗応できないことを「恥」と感じたのである。隣家の乳母が、さまざまな美味・珍味と共に、金属製の碗や漆塗の皿といった高級食器を持参したのも、饗応の特殊性を示すものである。

饗応の翌日、男は妻となった主人公の家を去る。古代社会では、夫婦が別居し、夫が妻のもとに通う通婚《かよいこん》が珍しくなかった。去り際に、男は彼女に絹一〇疋・米一〇俵を送り、「絹はたちまちに衣被《きもの》に縫い、米は急《たちまち》に酒に作れ」と命じている。こうした婚約・結婚の際に渡される贈物を「嬉財《つまどいのたから》」と呼ぶ（関口裕子・一九九三）。現代でいえば結納にあたるものである。

二つの嬉財のうち、絹一〇疋には、「富豪の妻に相応しい身なりをせよ」とのメッセージが込められている。主人公は男が熱心に求愛した際、「我今貧し。身裸にして衣《きぬ》の被《き》るものなし」と躊躇していた。垢まみれの「黒衣」から絹製の「白衣」への転換は、主人公の未来が明るいことを示している。

もう一つの嬉財、醸造用の米一〇俵は、「妻としてこれからしっかり家を営むように」という思いを伝えたものだろう。酒の醸造は、刀自としての職務の中心で、象徴だったのである。

造酒司

酒の醸造に関する史料は、朝廷に関わるものが最も多い。律令制の時代になると、宮内省に造酒司《みきのつかさ》が設置され、宮内の酒や醴《あまざけ》・酢《す》などの醸造をつかさどった。造酒司には、ホワイトカラーである四等官《しとうかん》などと共に、酒戸《しゅこ》、使部《しぶ》など技術労働者が配置され、酒殿と呼ばれる施設で醸造に従事した。

酒戸は、律令制において、品部《しなべ》という身分に属する特殊技能者である。品部には、他に、雅楽寮《ががくりょう》の楽戸《がくこ》、造兵司《ぞうへいし》の楯縫戸《たてぬいこ》、鼓吹司《くすいし》の鼓吹戸、大蔵省の狛戸《こまこ》・漆部司《ぬりべし》の漆部戸、大膳職《だいぜんしき》の雑供戸《ざつくこ》、大炊寮《おおいりょう》の大炊戸、典薬寮《てんやくりょう》の薬戸・乳戸《にゅうこ》などがある。酒戸の場合、造酒司に一定期間上番《じょうばん》することで調・雑徭といった税を免除された。食事に関する品部では、雑供戸の鵜飼《うかい》・江人《えびと》・網引《あびき》のように、畿内近国の御厨《みくりや》で天皇の供御物としての贄の採取貢進にあたるものもあった。

品部と似た雑戸《ざつこ》という身分があるが、雑戸の職能は軍事関連にほぼ限定される。一方、品部のそれは奢侈《しゃし》的物品（ぜいたく品）に関するものが多い。朝廷は、品部・雑戸を一般の公民《こうみん》とは異なる特殊籍に編成し、所属官司の直接的統制の下に置いた。軍事技術を含む高度な技術労働力の直接的・独占的な掌握を目指したのである。

造酒司など中央官司は、執務する庁舎（曹司《ぞうし》）を宮城内（大内裏《だいだいり》）に置いた。平安宮に関しては、『宮城図』など宮城の内部構成を示す史料がいくつか残されている。したがって、時代による変化等に留意する必要はあるが、図9のように、天皇が居住する内裏、大《だい》

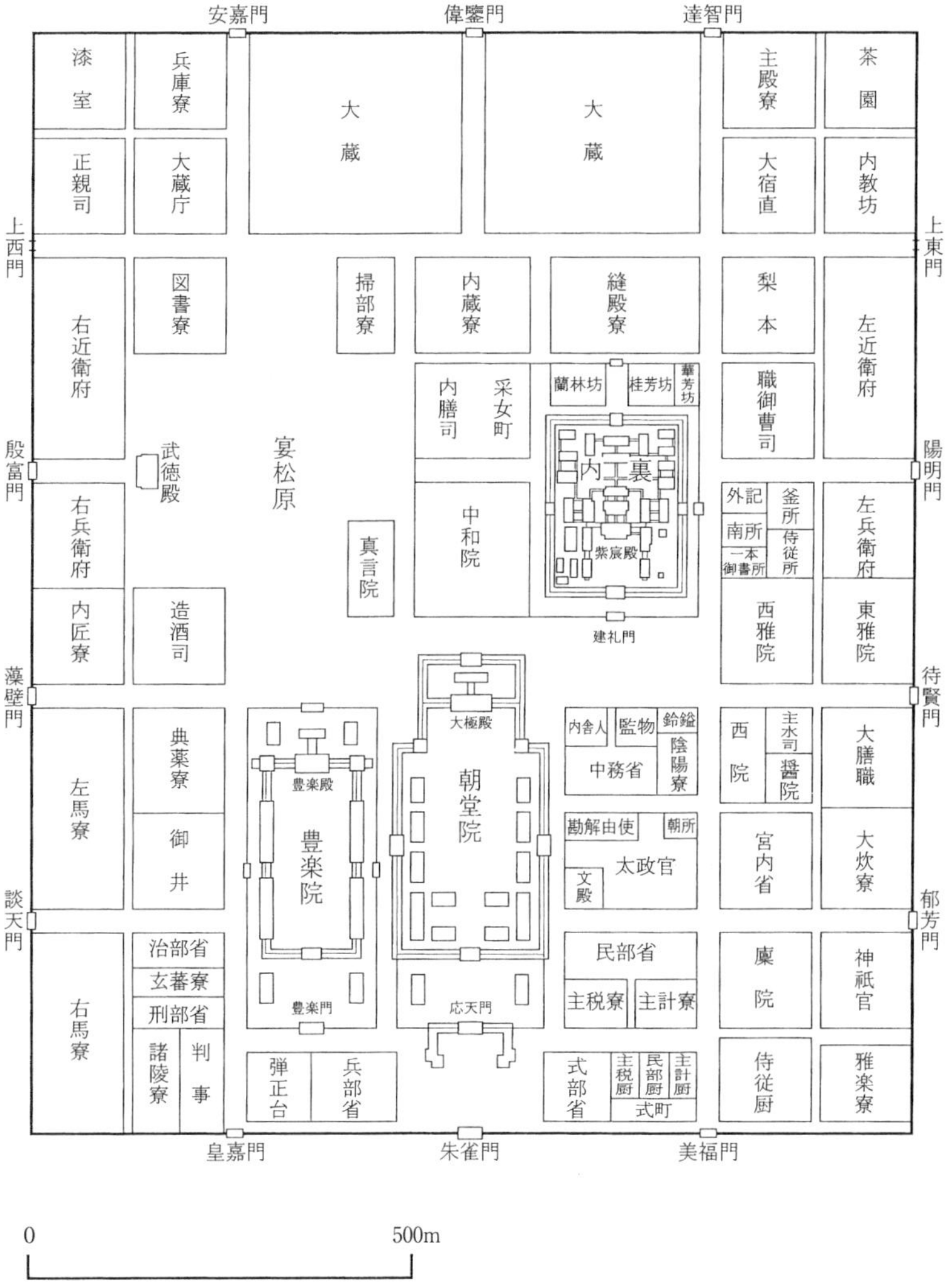

図９　平安宮復元図（山田邦和・2009）

極殿《ごくでん》、朝堂院《ちょうどういん》などの儀礼施設、諸官司の配置の概容が判明する（山田邦和・二〇〇九）。

天皇の日常生活を支える宮内省被管官司の多くは内裏の近辺に配置されているが、造酒司は内裏から少し離れた西方に位置した。造酒司の南には、天皇に供される水を汲む御井《みい》があり、造酒司も、この井戸の水で「御井酒《みいざけ》」を醸造した。

村上天皇（九二六〜九六七）が記した『村上天皇御記』には、「今の平安京大内裏はもと秦河勝《はたのかわかつ》の邸宅の跡である」という伝承が見える。大内裏跡は、平安京域にあって台地状の安定した地勢条件にあり、鳳瑞遺跡《ほうずいいせき》（古墳〜奈良時代）、聚楽《じゅらく》遺跡（古墳時代）といった集落跡も確認されている（家原圭太・二〇一六）。平安京造営を指揮した官司は、集落の用水の状況を調査した上で、良水を必要とする諸官司に湧水地を割り振ったと考えられる。

なお、平安宮には、造酒司とは別に、内裏の東側に酒殿《さかどの》（内酒殿《うちのさかどの》）が設けられていた。内酒殿跡の発掘調査では、井戸が発掘され、井戸枠埋没時の穴から図10のような木簡が出土している。

内酒殿　夫弐人料飯捌升人別四升 山作　弘仁元年十月十八日大舎人□□□〔安カ〕

人夫への飯支給に関する内容で、内酒殿内に留められた支給控の可能性が高い。支給量は二人で八升、一人四升だから一日分である。井戸跡から、越州窯青磁碗や「南曹」（灰釉陶器碗）・「東曹司」（緑釉陶器皿）と記された墨書土器、銭貨、木製品（曲物《まげもの》・箸《はし》など）も伴出している。

この木簡は、平安京跡では希少な年紀木簡である。弘仁元年（八一〇）十月十八日は、同年十一月十九日の大嘗祭《だいじょうさい》の直前で、これに伴って井戸が開削された可能性がある（橿原考古学研究所附属博物館・二〇一三）。伴出した遺物の年代や用途も、この木簡との関連で絞りこめる。

図10　内酒殿跡の井戸跡から出土した木簡（京都市埋蔵文化財研究所提供）

現在、平安宮造酒司跡には、京都市生涯学習総合センターが建ち、その一階に平安京創生館という博物館施設が入っている。平安建都一二〇〇年記念事業の際に製作された「平安京復元模型」の他、造酒司に関する出土遺物も展示されている。平安宮跡巡りの際には、ここを見学してから、豊楽院《ぶらくいん》跡、大極殿跡、内裏跡、内酒殿跡といった順で周回するとよい。

平安京以前の都城に関しては、宮城図に類する史料は残っていない。しかし、平城宮造酒司に関しては、発掘調査で内裏の東方に位置したことが確定している。造酒司跡は推定で南北約一二五メートル、東西約一一〇メートルで、内部に甕を並べて据え付けた痕跡のある建物跡、井戸跡が検出されている。図11はその写真だが、直径一四〇センチの井筒《いづつ》を中心に周囲に川原石を敷いたもので、現在、平城宮遺構展示館の隣に復元展示されている。遺物では、醸造用の甕の他に、「造酒」と墨書された土器、「二条六瓱三石五斗九升「□」」と書かれた木簡などが出土している。木簡は、甕に付け、甕の場所と容量を明示する付札《つけふだ》である。

『延喜式』によれば、造酒司で醸造される酒には、御酒糟と雑給酒の別があった。前者には、御井酒の他、御酒、醴酒《あまざけ》、三種糟という三種の酒、擣糟《すりかす》が、後者には頓酒、熟酒、

図11　平城宮造酒司跡の巨大井戸（奈良文化財研究所提供）

汁糟、粉酒があった（金子裕之・一九九七）。

以上のうち、天皇などの御膳に供される高級酒「御酒」の製造法は以下の通りである。蒸米、麹、水を仕込み一〇日たってもろみが発酵すると濾過《ろか》する（この作業を「醞《しおり》」と呼ぶ）。濾過した酒に再び蒸米と麹を仕込み、もろみが熟成すると濾過し、また蒸米と麹を仕込む。この手順で一〇日ごとに濾過するが、この工程を繰り返すほど雑菌が入る可能性が高くなる。したがって、濾過の回数は最大でも四度で、四〇日以内に工程は終了する。

室町時代には、この方式が改良され、もろみが熟しても濾過せず、さらに米麹・蒸米・水を仕込む方法がとられた。これを「酘《とう》」と呼ぶ。また、「火入れ」という搾《しぼ》った酒を加熱する行程が入った。貯蔵中の酒を白濁させ、味の劣化を招く火落菌《ひおちきん》を殺菌し、酒の熟成を進める酵素の働きを止めるためである。

ただし「御酒」は、現代の日本酒よりも糖度が高いため、「火入れ」を行っていないわりには日持ちする。これは、ジャムや羊羹《ようかん》が腐りにくいのと同じ原理である。

長屋王家「御酒醸所」　酒は、京に居住する貴族の家でもつくられた。左は、長屋王家木簡の内の一点である。

・御酒□〔醸カ〕所充仕丁　蘇我部道　椋部呰　朝倉小常石　私部小毛人　右四人　○

・「大瓱米三石麹一石水□石　次瓱米二石麹一石水二石二斗　次瓱米一石麹八斗□瓱米□石
麹一石水□石二斗　次瓱二石麹八斗水二石一斗　少瓱米一石麹四斗水一石五升」　○

表面から、御酒醸所に四人の仕丁《しちょう》（地方から三年任期で徴発され雑役に従事する者）を配属していること、裏面から、大瓱《かめ》、次瓱、少瓱に、米、麹、水を異なった割合で調合し酒を醸造していたことが読み取れる。長屋王家木簡には、これとは別に「酒司」と記された木簡もある。長屋王家は酒司の中に、王族用の高級酒を醸造する「御酒醸所」を別置していたのだろう。

文献史料で家政機関の具体像が明瞭になるのは、古記録が残る十世紀後期以後である。たとえば、『小右記《しょうゆうき》』からは、記主の右大臣藤原実資《ふじわらのさねすけ》（九五七〜一〇四六）の家に、「政《まん》所《どころ》」や「侍所《さむらいどころ》」「随身所《ずいじんどころ》」など構成員の伺候《しこう》空間、「膳所《かしわでどころ》」「進物所《しんもつしょ》」などの所々が見える（渡辺直彦・一九七八）。

もう一つ参考となるのは、『宇津保物語《うつほものがたり》』吹上《ふきあげ》（上）における紀伊国牟婁郡《むろぐん》の豪族神奈

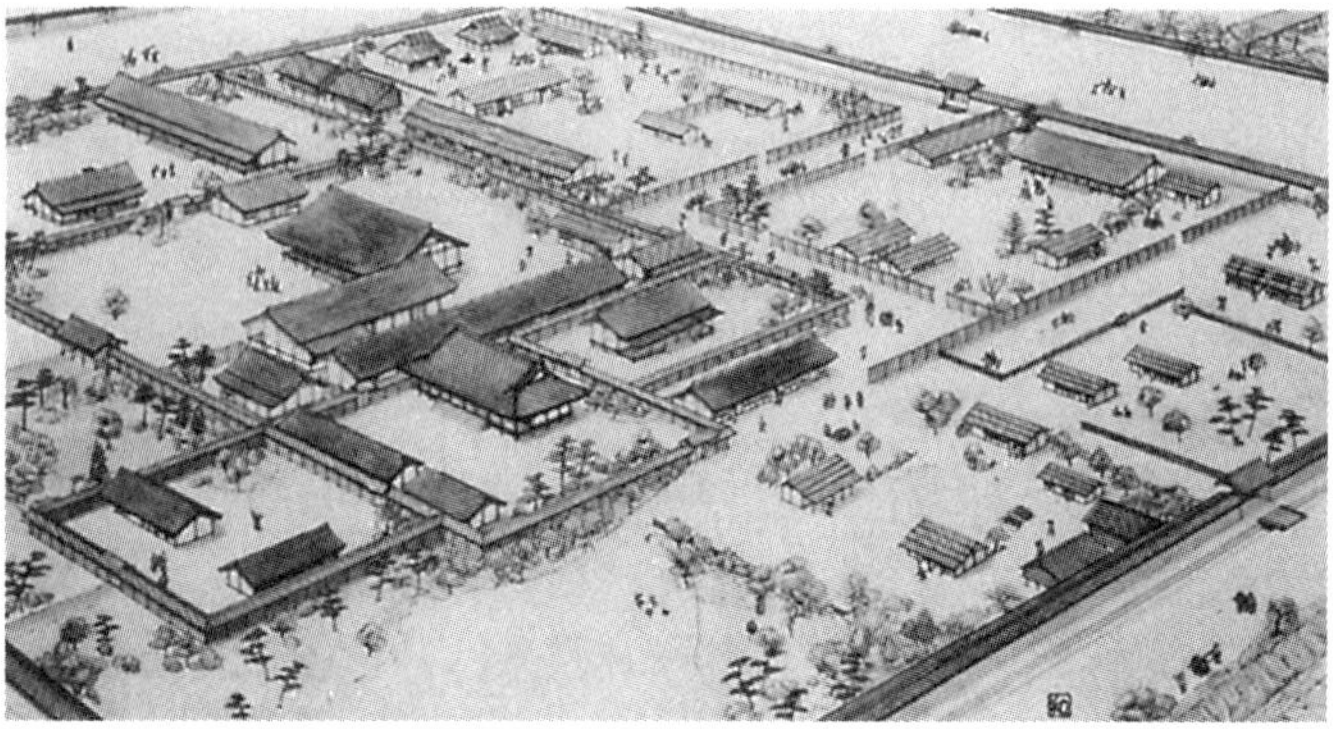

図12　長屋王邸復元図（早川和子画）

備種松の屋敷を描いた部分である。たとえば次のような記述がある。

> これは酒殿。十石入るばかりの瓮二十ばかり据ゑて酒造りたり。酢、醬、漬物、みな同じごとしたり。贄《にえ》どもなどもあり、

「酒殿」には、一〇石の容量のある貯蔵用の大甕が約二〇個、据え付けられ、酢・醬・漬物などの発酵食品や、種松らに供される贄が貯蔵されている。「酒殿」の「殿」は、「所」を付して呼称される部署と異なり、独立した殿舎を保有していることを示す。

この記述の前後には、長屋王家木簡にも見えた「政所」などの部署が列挙されている。その状況を、長屋王家、藤原実資家のそれと対照させてまとめると、表2のようになる。

表2　家政機関の内部構成

	現業	非現業
長屋王家	主殿司，机立司，馬司，犬司，鶴司，大炊司，膳司，菜司，酒司，御酒醸所，主水司（水取司），氷司，縫殿，染司，綿作司，工司，御鞍所（御鞍具作司），銅造所，鋳物所，鏤盤所，嶋造所，書法所，仏造司，斎会司，薬師処	政所（務所・司所），帳内司，税司
藤原実資家	進物所，大盤所，厩司，膳所，修理所	政所，侍所，随身所，雑色所，小舎人所，牛飼所，別納所
神奈備種松家	たてま所，御厩，牛屋，大炊殿，御炊き，酒殿，作物所，鋳物師の所，鍛冶屋，織物の所，染殿，打ち物の所，張り物の所，縫物の所，糸の所	政所

もっとも、種松邸の描写は、地方豪族としては立派すぎる。嵯峨天皇と娘の間に生まれた男子のために建造した屋敷という設定だから、地方豪族ではなく、貴族の邸宅をモデルにした可能性が高い（櫛木謙周・一九九七）。

表2の長屋王家の項は、長屋王家木簡に記された部署名のうち、左京三条二坊の邸宅内に存在した可能性のあるものを列挙している。ただし、諸部署が常置されているものか、臨時の部署なのかを識別することは難しい。特殊な金属製品を製造する鏤《ろ》

盤所《ばんしょ》などは、臨時の部署だろう。一方、藤原実資家や種松邸にも同一・類似の部署が見えるものは、常置されていた可能性が高い。

長屋王邸の発掘調査では醸造施設は検出されていないが、邸内に酒司・御酒醸所などに伴う常設の施設が存在したと考えられる。

古代の酒屋

長屋王家の「店」

前節で述べたように、奈良・平安時代の村落社会において、地方寺院・在地有力者は、酒の販売や貸し付けで資産を形成していた。では都城で、酒はどのように流通していたのだろうか。

『続日本紀』天平宝字五年（七六二）三月己酉（二十四日）条には、葦原王という人物が、「酒肆《しゅし》」で遊んだ際、一緒に飲んでいた相手を殺し、流罪に処せられたとの記事がある。この記事の「酒肆」は酒を飲ませる飲み屋で、酒屋ではない。

しかし、長屋王家木簡には、酒の販売に関する次のような史料がある。

木簡①・十一月四日店物飯九十九笥　直九十九文別笥一文
　　　・酒五斗直五十文別升一文　右銭一百卌九文

木簡②・○十一月五日店物□〔飯カ〕九十四□〔笥カ〕　価九十四文
　　　・○酒五斗直五十文　□□□□〔百卌カ〕四文［　　］

木簡③・十一月八日店物酒四斗上
　　　・□直卌五文［　］［　］

木簡④・西店交易進近志
　　　・呂五百隻□十二月

木簡⑤・自西店進米五石
　　　・［　］　八月廿日□

いずれの木簡にも「店」（または「西店」）という文字が含まれる。木簡①（図13）は、十一月四日付で、飯九九笥《け》を一笥一文で、酒五斗を一升一文で「店物」として販売し、その販売価格の総計を一四九文としている。この木簡には切れ込みがあるが、ここに紐をかけ銭貨一四九枚の穴に通して、「店」から長屋王邸に運搬したわけである（舘野和己・一九九七）。

木簡②は十一月五日、③は十一月八日付だが、型式・内容は木簡①とほぼ同じである。一方、木簡④は、「西店」が鮗《このしろ》（近志呂）を交易し、長屋王邸に進上したことを記した

図13「店」に関する長屋王家木簡（木簡①、奈良文化財研究所提供）

もの、木簡⑤は「西店」から米五石が長屋王邸に進上されたことを記すものである。他にも八月某日付の一〇石の米進上木簡もある。

京の商業施設としては、左京職《さきょうしき》、右京職《うきょうしき》という官司の傘下に置かれた公的市、東市《ひがしのいち》・西市《にしのいち》が知られている。平城京の場合、図14のように、東市は左京八条三坊、西市は右京八条二坊にあり、共に約二五〇<ruby>〇</ruby>《メートル》四方を占め、毎日午後に開かれた。

『延喜式』東西市司式によれば、平安京の場合、東市に五一、西市に三三、廛《いちくら》という店舗が商品ごとに設置されていた。食料品は、繊維製品、手工業製品とならぶ主要商品で、東市に、油、米、麦、塩、醬《ひしお》、索餅《さくべい》、心太《ところてん》、海藻、菓子、蒜《ひる》、干魚、生魚、海菜の一三品目、西市に、油、米、塩、索餅、心太、海藻、菓子、干魚、生魚、末醬、糖の一一品目が確認できる。

しかし、長屋王家が経営する「店」が販売している酒や飯を商品とする廛は、東市・西市いずれにも存在しない。奈良時代の古文書には平城京東西市での購入品を記したものが多数があるが、酒や飯の購入事例は見あたらない（栄原永遠男・一九九二）。複数の商品を販売している点から見ても、長屋王家の「店」は、平城京東西市の廛とは考え難い。

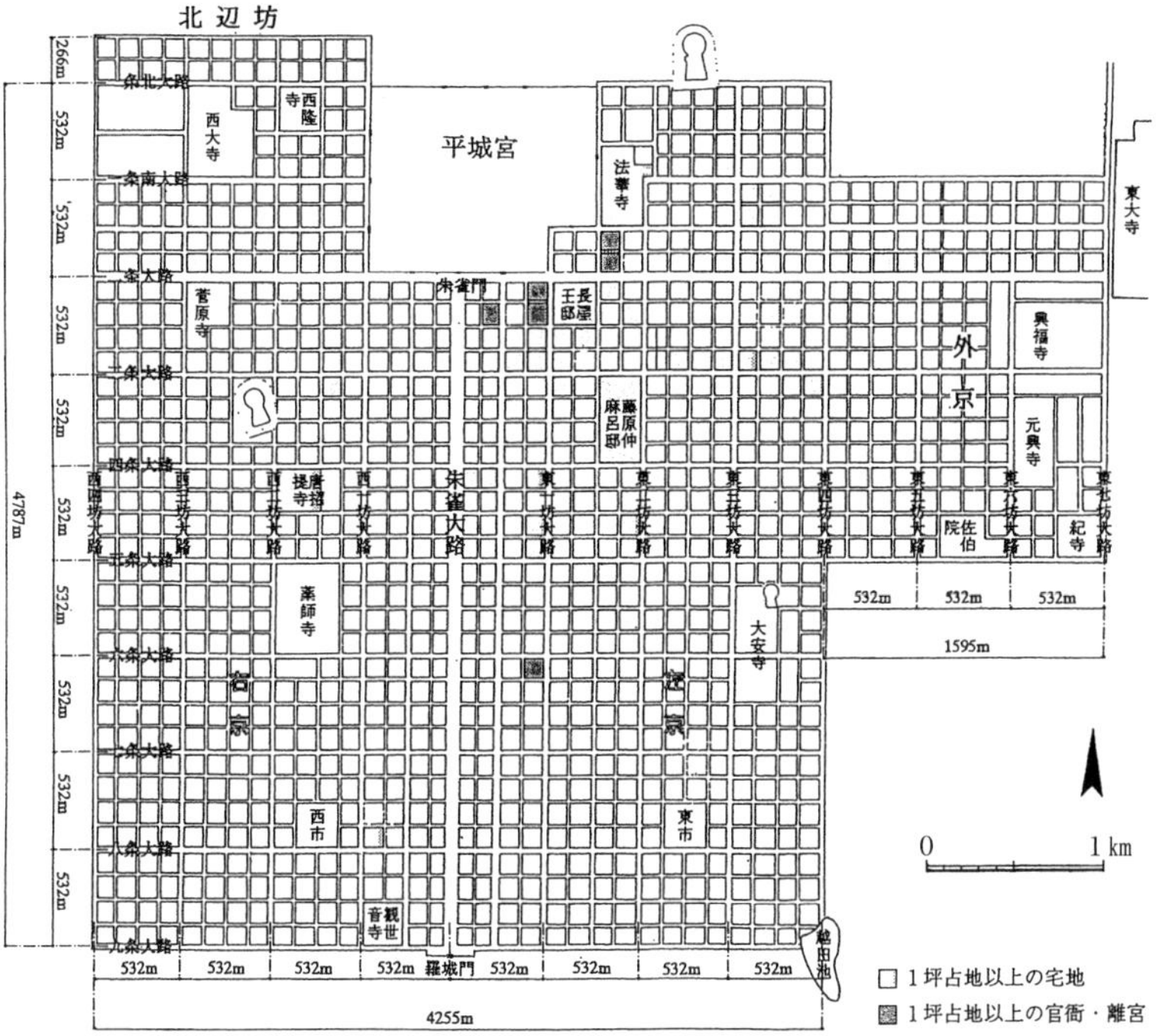

図14　平城京と東西市（渡辺晃宏・2010）

ただし、五〇〇隻もの 鯵《このしろ》を交易し得る場所は、東西市以外には考え難い。『延喜式』によれば、干魚・生魚を販売する廛は、東市・西市両方にある。「西店」とも呼ばれていることを考慮すると、「店」は西市内ではないがその近辺に位置したと考えられる。

木簡⑤からは、八月二十日の一日で五石もの米が長屋王邸に進上されたことが分かる。長屋王は、位階や官職に応じて朝廷から支給される位田《いでん》・職田《しきでん》、父祖から継承した御田《みた》などを保有していた。これらから輸納された米の一部は、「店」に付属する米倉に貯蔵された可能性が高い。貯蔵米は、酒の醸造や西市での交易の対価としても使用されたのだろう。

木簡①②によれば、店では、十一月四日に九九笥《け》、五日は九四笥の飯が販売されている。販売価格はいずれも一笥一文である。「笥」は、現代の櫃にあたる蓋付きの曲物だが、古代の「笥」の容積は「大笥」が約五升、「小笥」でその半分である（関根真隆・一九六九）。前に述べたように、飯の標準支給量が四升、最大支給量が五升（東大寺写経所経師など）だから、「大笥」がほぼ一日分、「小笥」が一食分にあたる。これは偶然ではなく、飯の標準的支給量に合わせて「笥」が製造された可能性が高い。

隣国韓国の多くの食堂では、ノックルと呼ばれる蓋付き・金属製の飯碗で飯が出される。

数回の旅行時の経験に過ぎないが、食堂はかわっても、ノックルの規格に大差はなく、ほぼ同量の飯が出てくる。古代日本の「笥」と通じるところがあるように思う。

先に述べたように、長屋王家の場合、一升の米で二升の飯を炊いていた。木簡①の「笥」を「大笥」と仮定すると、約二升半の米で炊いた飯を一文で販売したことになる。当時米三升（穀六升分）が銭一文なので（『続日本紀』和銅四年〈七一一〉五月己未〈十五日〉条）、「店」の販売価格は、米の値段に炊飯の手間賃・利益を約二割上乗せしたことになる。

酒の販売価格は、木簡①②の一升一文（五斗で五〇文）に対し、木簡③は四斗四五文と若干割高である。木簡③「酒四斗上」の「上」は上等の意味だろう。先に述べたように長屋王家「御酒醸所」では数種類の酒が醸造されていた。「店」の販売酒も複数種あったことが分かる。

酒・飯の流通

では、なぜ長屋王家の「店」は、酒と飯を商品にしたのだろうか。

『延喜式』左右京職・衛士仕丁坊条には、

凡《およ》そ京中の衛士・仕丁等の坊、商賈《しょうこ》すること得ざれ。ただし酒食は此例《このれい》にあらず。

という規定がある。衛士は宮中で警察・警備等の業務に従事する人、仕丁は種々の雑役に従事する人で、畿外諸国から、一年・三年といった任期で徴発された。この規定では、彼らの居住エリアで、「酒食」以外の販売を禁止している。

京の東西市は、官司などの公的機関や京の住民に必需品を供給するために営造された。一時的な滞在者である衛士・仕丁は、東西市のお得意様である。この規定は、彼らに東西市で物を交易するよう仕向け、東西市の独占的な物品販売権を保護する法制である。ただし、先に述べたように、東西市の販売商品には、酒・飯は含まれない。つまり、律令制期、京では、酒と飯に関しては、市外で販売する原則だったのである。長屋王家の「店」は、これに則り、酒・飯のみを商品としたのだろう。

『延喜式』左右京職・衛士仕丁坊条の「商賈」とは「商売」と同じで、売ること、買うこと両方を意味する。明治時代の東京には、兵営や学校寄宿舎の残飯を販売する「残飯屋」が多数存在し、都市下層民に重宝されていた（大豆生田稔・二〇〇七）。米を飯にするには、桶や釜、燃料が必要で、残飯の方が便利で安上がりだったからである。

古代都城にも、衛士・仕丁のように、郷里から離れ不規則な職務に追われる人々が多数存在していた。そのため、酒・飯に関しては、自由な交易を保証したのだろう。前章で述べたように、官司や院宮王臣家では、給食米に相当する飯を仕丁などに支給する場合が少なくなかった。衛士・仕丁は飯を「買う」だけではなく、給食の残飯を「売った」可能性もある。

飯の支給は、衛士・仕丁のように、炊事施設のない屋外で重労働を担う人々に対して実施されるケースが多かった。飯と酒の受給者は重なっているケースが多い。ただし酒の支給には、飯のそれとは異なる点もある。

心付けとしての酒

たとえば、三七頁で言及した造石山寺所は、天平宝字六年（七六二）の一年間、種々の名目で「粉酒」（ドブロクの一種）を購入している。具体的には、「山作所より桴《いかだ》を持参せる雇夫等の給料」「病たる仕丁四人の給料」「雑工等の給料」「雑材を運び収む木工ならびに仕丁の給料」などで、技術労働者（「木工」、「雑工」）や重労働に対する特別待遇である（丸山裕美子・一九九八）。

天平十一年（七三九）「写経司解案」には、写経所の待遇改善を訴える記述がある。装潢《こう》と校生《こうせい》の食米を玄米から白米に改めること、毎日麦を支給することなど要求の多くは食事に関するものである。経師《きようし》に関しては、多くが疲労による胸痛、脚の麻痺に悩まされているため三日ごとの薬酒の支給が申請されている。

天平宝字二年（七五八）二月、前年の橘奈良麻呂《たちばなのならまろ》の乱を受けて、飲酒・集会は不穏な言動の原因になるとして、供祭・医療以外の飲酒・無断集会が禁止されたことがある。この際には、写経所に勤務する下級官人などが「薬」の名目で酒の購入や製造を行っている。

以上のように、正倉院文書からは、酒の支給が工人や運輸労働関係者等に対する特別給としての性格をもつことが窺える。詳細は後で述べるが、平安時代の史料にも、特別給としての酒に関するものは少なくない。

たとえば、菅原道真の詩文を集めた『菅家文草《かんけぶんそう》』巻七「左の相撲司《すまいのつかさ》の標所《しめどころ》の記」では、「標」という台車上に組み立てる飾り物の製作にあたる細工に、疲れを癒やすため、諸大夫の心ある者が、索餅《さくべい》と酒肴《しゆこう》を贈ったという記述がある。ちなみに索餅は、図15のように、小麦粉と米粉を練り合わせ縄状にした食品で、茹でて食べたと考えられている（関根真隆・一九六九）。

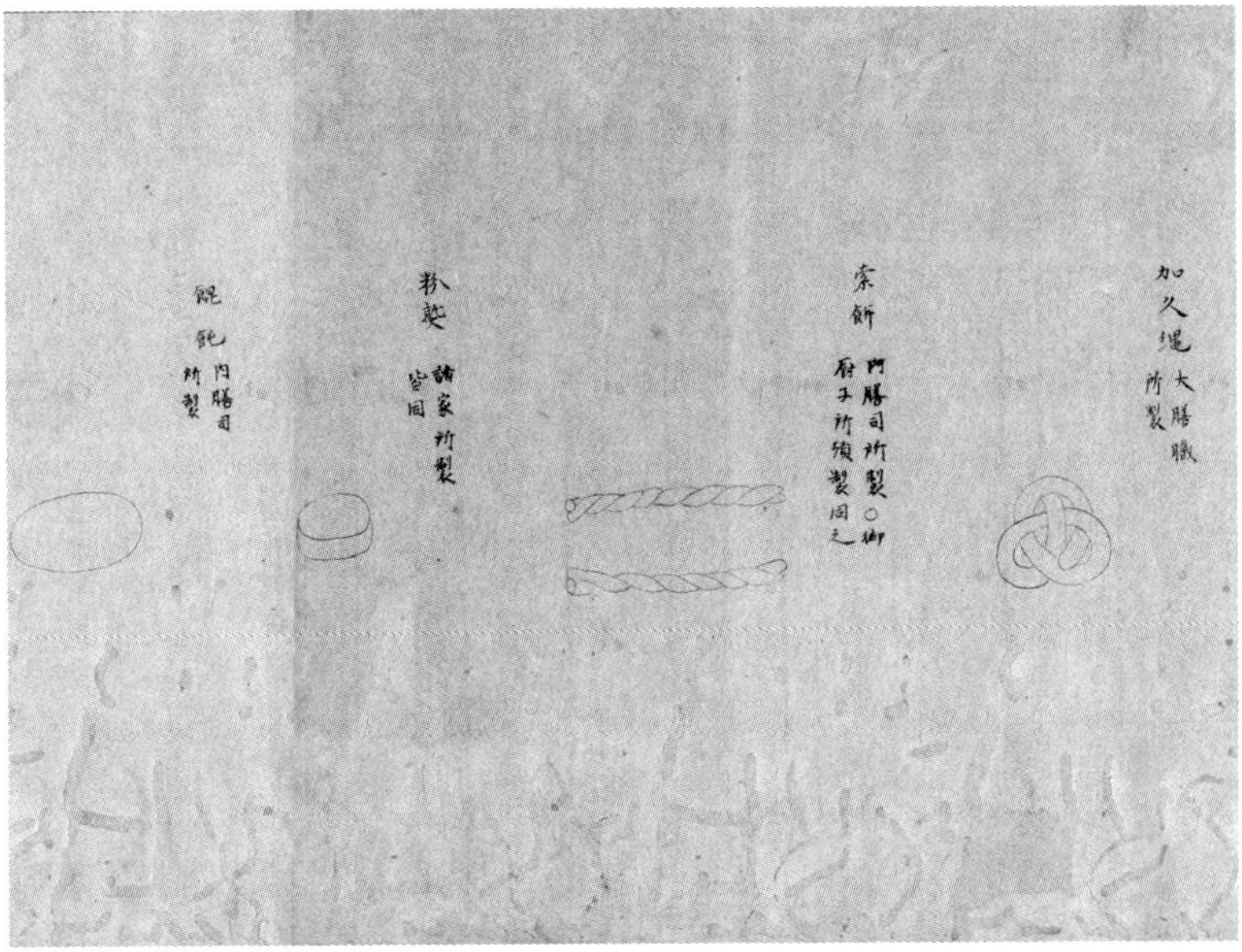

図15　索餅（藤貞幹『集古図』より，早稲田大学図書館所蔵）

しかし、酒を受給し得るものが、必ずしも酒好きとは限らない。衛士や仕丁は屋外で重い肉体労働に従事し、酒・飯を受給する機会が多い。『延喜式』左右京職・衛士仕丁坊条の規定は、余った不要な酒・飯を居住地で売る権利を保障したものともいえる。

史料を子細に見ると、酒の支給には、酒の現物を支給する場合と、酒代の名目で金銭等を支給する場合とがある。後者は「酒手《さかて》」とも呼ばれる。「酒手」の初見史料は、藤原宮跡北部の平安初期の井戸から出土した大型（全長一メートル弱、幅六センチ弱）の木簡である。荘園の収支に関わるもので、弘仁元年（八一〇）の収穫高、同年十月～翌弘仁二年二月の種々の支出と残高を詳細に書き上げている。「酒手」の受給者は、奈良から宮所庄（平城遷都後、旧藤原宮域に成立した荘園）に車で材木を運搬した「車引」の建万呂なる人物である。

桜井英治は、中世の建築事業に関して、①建築職人に支給される一日の賃金は一年中一定だったこと、②ゆえに事業主は、昼の長い夏に工事を行うよう努めたこと（ただし、建築資材は高騰する夏前に購入したこと）、③賃金支給がしばしば「酒直」「禄」といった名目で行われたこと、などを指摘している（桜井英治・二〇一一）。

古代の律令制では、昼の長さを考慮して、夏・春秋・冬で雇傭労働者の賃金を変動させる旨を規定していた。また、大規模な土木工事は、公的事業の場合、農閑期の冬を中心に行われていて中世とは異なる点も多い。ただし、桜井が着目する「酒直」の実体は、先の弘仁年間の木簡に見える「酒手」と同じと見てよい。

桜井は、「酒直」の性格を、一種の贈与（もしくは労働という贈与に対する返礼）として捉える。英語でいえば「チップ」、日本語でいえば「心付け」である。国民性を比較する際、現代の日本は、諸外国との相対的比較で、チップを渡す習慣の希薄な国として評価されることが多い。しかし、引越の際に「お昼代」を渡した経験を持つ人は少なくないだろう。「酒手」の心性は、現代の列島社会にも潜在している。

三春高基「七条殿」

長屋王家の「店」は、平城京の時代のものである。平安時代以後、このような院宮王臣家（皇族・上級貴族などの家）が営む「店」は、どのように展開したのだろうか。

先に引用した『宇津保物語』の「藤原の君」には、三春高基という奇妙な人物を描いた箇所がある。彼は、

大きなる蔵は一国治むるほどに財を積みて、六国治むるに、多くの蔵どもを建てて納

めつれば、宰相《さいしょう》にて左大弁《さだいべん》かけつ。

つまり、六ヵ国の国司《こくし》（受領《ずりょう》）を歴任している間に、多くの蔵を建てて財産を蓄積し、参議《さんぎ》兼左大弁に昇進した人物である。やがて彼は、衛府の高官を兼任する中納言、さらには、大臣まで昇進する。

高基は、極端な倹約家だった。彼は、大臣昇進後、「絹ぐらにある徳町といふ市女」と結婚し、正妻とする。左は、高基が徳町と結婚後に居住した邸宅「七条殿」の様子である。

住みたまふところは、七条の大路のほどに、二町のところ、四面に蔵建て並べたり。住みたまふ屋は、三間の茅屋《かやや》、片しはつれ、編みたれ蔀《しとみ》。めぐりは檜垣、長屋一つ、侍、小舎人所《こどねりどころ》、てう店、酒殿。殿の方は、蔀のもとまで畑作れり。殿の人、上下、鋤《すき》・鍬《くわ》を取りて、畑を作る。

高基邸は、七条大路に面し二町の規模をもつ。外観は四面に蔵が並ぶ異常なもので、住居はわずか三間の麁末《そまつ》な茅屋、その周辺は畑にしている。「侍、小舎人所」といった高基の従者の伺候空間、「酒殿」も見えるが、ここでは傍線部の「てう店」に注意したい。別の箇所では、「てう店」は、次のように描かれている。

> これはてう店に女をりてもの売る。（中略）空車に魚・塩積みて、持て来たり。預りども読みとりて、店に据ゑて売る。

文中の「店」は「てう店」の略である。「てう店」は女性が座って物を売る場所である。女性とは別に「預り」という管理役がいて、邸外から空車で運ばれる魚や塩をチェックし、「てう店」に陳列している。

では、「てう店」とは、一体何なのか。

「てう店」の「てう」に関しては、「でう＝じょう＝条」とする理解が有力である。『宇津保物語』写本の中には、「七条殿」を「七でう殿」と記したものがある。七条大路に面した「条店」ということになる。

平安京の場合、東西市は、左京七条二坊、右京七条二坊に位置し、三春高基邸同様、七条大路に南面していた。高基の妻徳町は市女で、結婚後も市での商売を続けている。三春高基邸は、市の近辺に立地する設定なのだろう。

『倭名類聚抄』は、「店家」を、「俗に云ふ。東西の町是なり。坐して物を売る舎なり」と説明する。「東西の町」は左京・右京の市町を意味するが、「坐して物を売る」という販

図16　扇面古写経（模本）に描かれた京の店棚（東京国立博物館所蔵，Image: TNM Image Archives）

売形態は、「女をりてもの売る」と整合する。高基は、東西市の市女であった徳町を妻とすることで、「てう店」をもつ七条殿の経営を委ねようとしたのだろう。

しかし、徳町は、けちな高基に愛想を尽かし、離婚する。離婚後、高基は、絶世の美女あて宮に求婚するため生活を一変し、「寝殿」、「対四つ」、「渡殿」を備えた「四条殿」を造営している。『宇津保物語』藤原の君には、他にも、あて宮の求婚者として上野宮、前大宰帥滋野《しげのの》真菅《ますげ》らが登場し、豪奢な邸宅の様子が描かれている。これらは、平安時代中期の典型的貴族邸宅をモデルにしている。

一方、「七条殿」は、敷地の四面に並ぶ蔵を外観上の特徴とする。それは、受領の歴任で私富を蓄積した高基の経歴と対応する。「七条殿」のモデルは、貴族邸宅ではなく、院宮王臣家や受領が京の市辺に設置した経済的施設だろう。

御倉町と「酒家」

京の東西市周辺には、諸官司、王臣家《おうしんけ》、寺院などがさまざまな交易拠点を置いていた。正倉院文書には、平城京の市辺に、相模国が調の貢納のために設置した「調邸《ちようてい》」、東大寺市庄などが散見する（吉田孝・一九八三）。長屋王家の「店」も、酒・飯の販売と共に、米の貯蔵や魚の交易なども行っている。

平安時代になると「御倉町《みくらまち》」なる施設が史料上に出現する。村井康彦によれば、御倉町の初見は、『本朝世紀《ほんちようせいき》』天慶元年（九三八）八月十六日条の「陽成院政所町」で、中世の各種京中図には「御倉」「御倉町」という記載が散見する（村井康彦・一九六五）。村井は、倉庫としての役割と共に、宿所、饗膳を調進する台所（厨《くりや》）、細工所などの機能を備える場合が存したことも指摘している。

御倉町の内実に関しては、規模や永続性など検討を要する部分もある。しかし、諸官司・院宮王臣家の経済拠点自体は、奈良時代段階から、「宅」「荘」という呼称で広く諸史料に見える。「宅」「荘」は経営体全般を指す語で、多様な機能を内包する。「御倉町」は収蔵、「店」は商業という特定の機能に焦点を合わせた語で、先に触れた「調邸」同様、「宅」「荘」の一形態として把握できる。

『日本後紀』大同元年（八〇六）九月壬子（二十三日）条には、筆者の推測を裏付ける記述がある。

使を遣わし、左右京および山埼津《やまさきのつ》・難破津《なにわつ》の酒家《さかや》の甕を封ぜしむ。水旱災《すいかん》を成し、穀米騰躍するを以ってなり。

水旱による米価高騰を理由に、朝廷が使者を派遣し、平安京左右京と山崎津、難波津の「酒家」の甕を封じる措置をとったとの記事である。甕の封鎖は、米を買い占め、価格をつり上げた「酒家」に対する営業停止処分と考えられる。買い占めは、醸造原料の確保ではなく、米価のつり上げそれ自体を目的としたものだろう。「酒家」は、酒の醸造、米の貯蔵に加え、金融機能を有していたのである。

「酒家」の基本的性格は、先に紹介した室町時代の酒屋とかわらない。公権力による営

図17　長岡京右京七条二坊五町の発掘調査写真と復原イラスト
（長岡京市埋蔵文化財センター提供）

業停止処分の方法も、甕の封鎖と破却で類似している。「酒家」の実体は、「御倉町」や「店」と同一で、院宮王臣家またはその家司が経営する経済拠点だろう。

律令制期の発掘調査では、長岡京右京七条二坊五町において、甕据え付け穴をもつ長岡京期の建物遺構が検出されている。図17は発掘時の航空写真と復元イラストである。長岡京の発掘調査では、右京八条二坊二・六・七町でも二二基の甕据え付け穴をもつ建物遺構が発掘されている。長岡京東西市推定地に近接する地で発掘された二つの遺跡は、長岡京期の「酒家」である可能性が高い（木村泰彦・一九九九）。

山崎津　『日本後紀』の記事は、平安京左右京に加え、難波津、山崎津を「酒家」の所在地として記している。難波津は、律令制成立以前から、ヤマト政権の外港として機能した交通・交易の拠点である。一方、山崎津は、図18のように、難波津から淀川を北東に遡った地、山背国（山城国）と河内国を結ぶ山崎橋の山城側に位置する（古閑正浩・二〇〇八）。長岡京・平安京遷都以後は、京の南西の外港として都市的発展を遂げる。

平安時代の史料からは、山崎津に、津屋《つや》・木屋《きや》などの倉庫群が建ち並び、諸司・諸家の

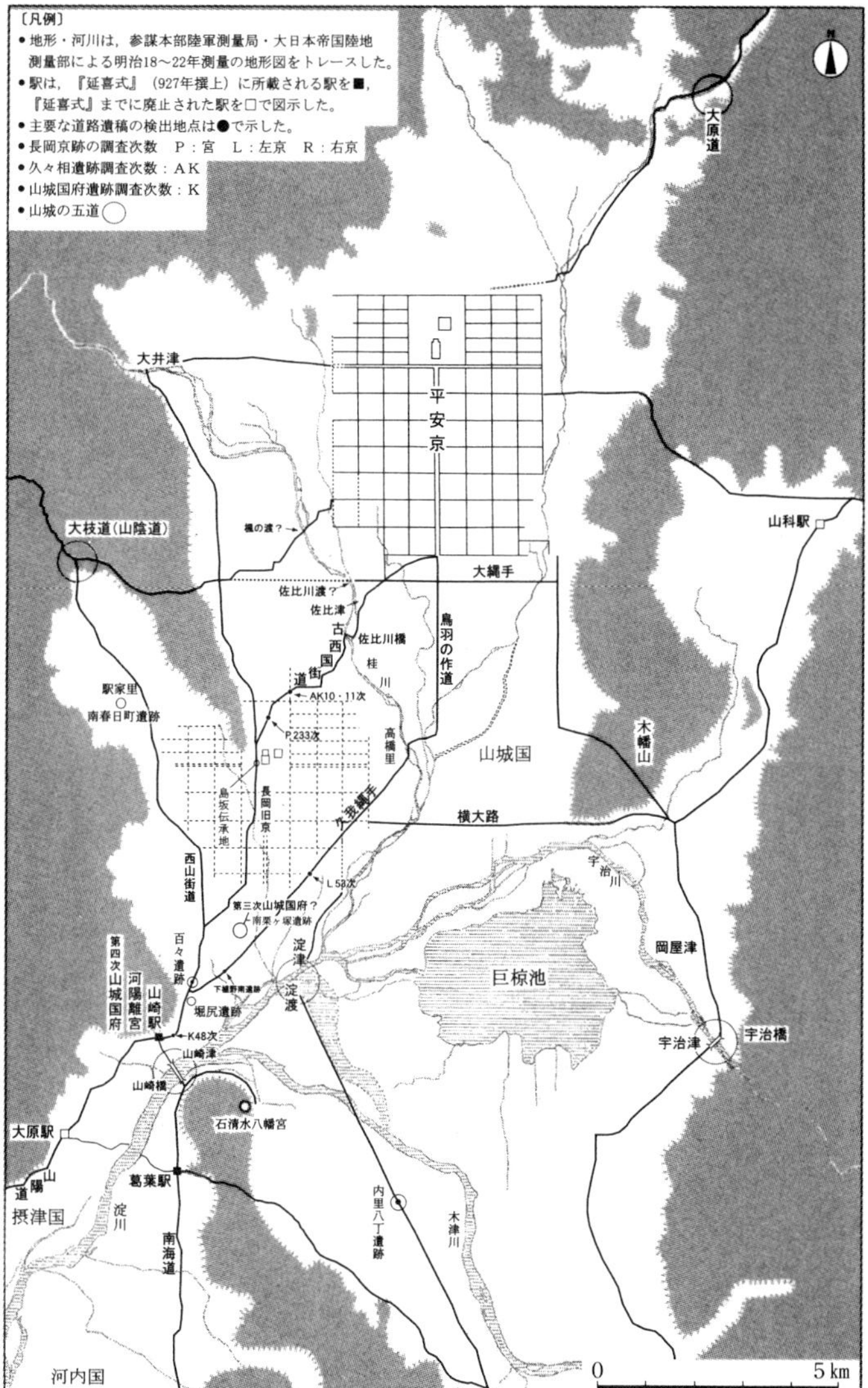
〔凡例〕
●地形・河川は，参謀本部陸軍測量局・大日本帝国陸地測量部による明治18～22年測量の地形図をトレースした。
●駅は，『延喜式』（927年撰上）に所載される駅を■，『延喜式』までに廃止された駅を□で図示した。
●主要な道路遺構の検出地点は●で示した。
●長岡京跡の調査次数　P：宮　L：左京　R：右京
●久々相遺跡調査次数：AK
●山城国府遺跡調査次数：K
●山城の五道
大原道
平安京
大井津
大枝道(山陰道)
山科駅
大縄手
佐比川渡？
佐比津
古西国街道
佐比川橋
桂川
鳥羽の作道
駅家里
南春日町遺跡
高橋里
山城国
木幡山
長岡旧京
横大路
西山街道
宇治川
淀津
巨椋池
岡屋津
百々遺跡
河陽離宮
山崎駅
第四次山城国府
堀尻遺跡
淀渡
宇治津
宇治橋
山崎津
山崎橋
石清水八幡宮
大原駅
山陽道
葛葉駅
摂津国
淀川
南海道
内里八丁遺跡
木津川
河内国
0
5 km

図18　平安時代前期・中期の交通網（古閑正浩・2008）

寄人《よりうど》・雑色人《ぞうしきにん》、馬借《ばしゃく》・車借《しゃしゃく》、梶取《かじとり》・水手《かこ》など交通に従事する人々が存在したことが窺える。九世紀後期には、商人や漁夫が何代にもわたり集住する町も発達していた。山崎津や難波津には、院宮王臣家が「酒家」を設置する必然性が存在したのである。

天慶八年（九四五）七月末、「諸神入京」の噂が立った後、「志多良神《しだらしん》」なる神を祀った数百人が神輿を担いで、摂津国河辺郡から山陽道を東上し山崎に到着、淀川《よどがわ》を越えて石清水八幡宮へと群行する事件が起こった。彼らは「志多良米はや買はば、酒盛れば、その酒富める始めぞ」などと歌った。

山崎津は、平安京西郊の松尾社《まつのおしゃ》と信仰の結びつきをもち、「志多良神」入京以前から四月の松尾祭田楽《でんがく》が恒例行事として定着し、京の住民も集団をなして参加していた。「志多良神」は農耕神としての性格が強いが、十世紀の山崎には、それを酒の利益をたたえる酒徳神として受容する素地が形成されていた（戸田芳実・一九九四）。

平安時代後期には、平安京の外港としての山崎津の役割は淀や鳥羽《とば》の津に移行する。しかし離宮八幡宮・石清水八幡宮に奉仕する「大山崎《おおやまさき》」神人《じにん》が、荏胡麻油《えごまあぶら》を製造する油座《あぶらざ》を組織して、広く商業活動を展開する。阪急大山崎駅すぐにある大山崎町歴史資料館の展示はコンパクトだが充実していて、産業都市山崎の歩みを知ることができる。

前近代社会において、酒の生産・流通が特別な意義をもつことは、日本史にのみ確認される事象ではない。

中国と日本

中国では、漢の武帝《ぶてい》の時代（BC一四一～BC八七）に、外征で苦しくなった財政を補うために塩・鉄と共に、酒を国家の専売としたことがあった。ただし、酒の専売制は、大商人の反対によりすぐに廃止となった。専売制を維持するには、生産地域・生産者が限定的であること、消費物資に対する需要が恒常的・普遍的に高いことが重要である。酒は、塩・鉄と異なり、前者の条件を満たしてなかった。

六世紀成立の『洛陽伽藍記《らくようがらんき》』には、魏《ぎ》の都、洛陽の洛陽大市の西に、延酤・治觴という二つの里があり酒造を業とする者が居住したと記している。ちなみに、大市の東南は通商・達貨の二里で屠殺と行商を業とする者が、南は調音・楽律の二里で絲竹と歌に巧みな者が、北は慈孝・奉終の二里で棺桶の販売や霊柩車の賃貸をする者が居住したという。説話的記述だが、中国では、北魏の時代から、市周辺に金融業、商工業、酒造業などが発達していたのである。

唐代には、大規模な宿泊施設に倉庫・飲食施設が付属した「邸店」と呼ばれる施設が諸都市で発達した（日野開三郎・一九六八）。このため中国では、現在でも、「〇〇酒店」・「〇〇飯店」というホテルが多い。

唐の律令では、士農工商の別が厳格で、支配階級にあたる王侯貴族による邸店経営は禁止されていた。一方、日本の律令は、皇親《こうしん》や五位以上官人が帳内《ちょうない》などを東西市に派遣して廛《いちくら》（市肆《しし》）を設定して商品を販売することを禁止するが、市での商品の売買や「外処」での売買は容認していた。東西市周辺の「店」で、東西市の廛の商品ではない酒・飯などを交易することは、黙認された可能性が高い。

金融業者としての酒屋

承和六年（八三九）閏正月には、都の「諸司諸家出挙銭《すいこせん》」に関して、諸国から上京した郡司が調庸不足分などの補塡に借用することの弊害が憂慮され禁止されている。承和八年二月には、この機能を代替するために西市東北角の空閑地に「右坊城出挙銭所」が設置された。史料に見えるのは銭の出挙だが、酒の出挙が行われていても不思議ではない。

平安京東市周辺には、北魏洛陽大市と同様に、鍛冶師《かじし》や鋳物師《いもじ》、金工などが集住していた（久米舞子・二〇一六）。藤原明衡《ふじわらのあきひら》（九八九～一〇六六）が晩年に記した『新猿楽記《しんさるがくき》』には、金集百成《かなつめのももなり》なる人物が、東市近辺の「七条以南保長」で「鍛治・鋳物師ならびに銀金細工」として描かれている。平安時代末期には、南の八条にも番匠《ばんじょう》・塗師《ぬし》・檜皮屋《ひわだや》・紺《こう》屋《や》などの商工業者が集住し、鎌倉時代後期には八条院町を形成した。

この地域の住民は、東南方に離れた稲荷社を信仰し、京と大和を結ぶ大路沿いに氏子圏を形成した。細工などの集住は西市周辺の西七条でも確認できるが、こちらは西方の松尾社を信仰した。松尾社への信仰は、先に述べたように、山陽道に沿って南西の山崎周辺まで広がっていた。現在、稲荷社は伏見稲荷大社、松尾社は松尾大社と呼ばれ、それぞれ商売、酒造の神様として知られている。

鎌倉時代の仁治元年（一二四〇）閏十月三日「造酒司解案」には、洛中の酒屋が実数を把握できないほど増加し、造酒司への貢進物を納めず、他役も勤めず、私業のみを営んでいることが記されている。日吉社《ひえしゃ》、八幡社《はちまんしゃ》、賀茂社《かもしゃ》等の「諸社神人《じにん》」を号する神人酒屋、「権門職《けんもんしき》」を号する権門酒屋は、都鄙を往来する酒麴売《しゆきくうり》を編成した。

これに対し、造酒司は、内蔵寮、内膳司、左右京職、装束司などの先例・傍例を根拠に、諸酒屋に対して新たな課役の設定を要請している。しかし、こうした造酒司の酒屋支配強化の試みは、鎌倉時代には、容易には実現しなかった。

鎌倉時代には、品部雑戸制は解体していたが、内蔵寮、装束司などの諸官司は、高級手工業生産の技術者の多くを直接・間接に掌握していた。彼らの生産物に関しては、宮廷社会の需要、「皇室御用達」の比重が量的・質的に大きかった。一方、酒の生産・流通は、高級酒も含め、古代から寺社・院宮王臣家など多様な主体によって担われていた。したがって造酒司は、神人酒屋・権門酒屋の活動を容易に抑圧できなかった。

なぜ日本中世に金融業者としての「酒屋」が発達したのか、奈良・平安時代の「店」・「酒家」に関する断片的な情報を拾い上げ、謎に迫ってみた。次に古代の社会で酒はどのように飲まれたのか、饗宴に関する史料を分析し考えてみたい。

饗宴・共食と労働

都市の饗宴・農村の饗宴

図19は、永久四年（一一一六）正月二十三日、東三条殿《ひがしさんじょうどの》で行われた内大臣藤原忠通《ふじわらのただみち》の大饗《だいきょう》で、公卿に供された食膳《しょくぜん》の様子を描いた図である。この図を載せるのは、平安時代末期の故実書『類聚雑要抄《るいじゅうざつようしょう》』で、江戸時代には、この書をもとに『類聚雑要抄指図《さしず》巻』が作成された。

創作平安王朝料理

京都市左京区平安神宮の西、六勝寺の一つ尊勝寺の故地に六盛《ろくせい》という料亭がある。ここでは、一九九四年の平安建都千二百年を機に、平安貴族の正餐《せいさん》（正式の献立による料理）を蘇らせた「創作平安王朝料理」を開発し、提供している。献立は『類聚雑要抄』に近く、

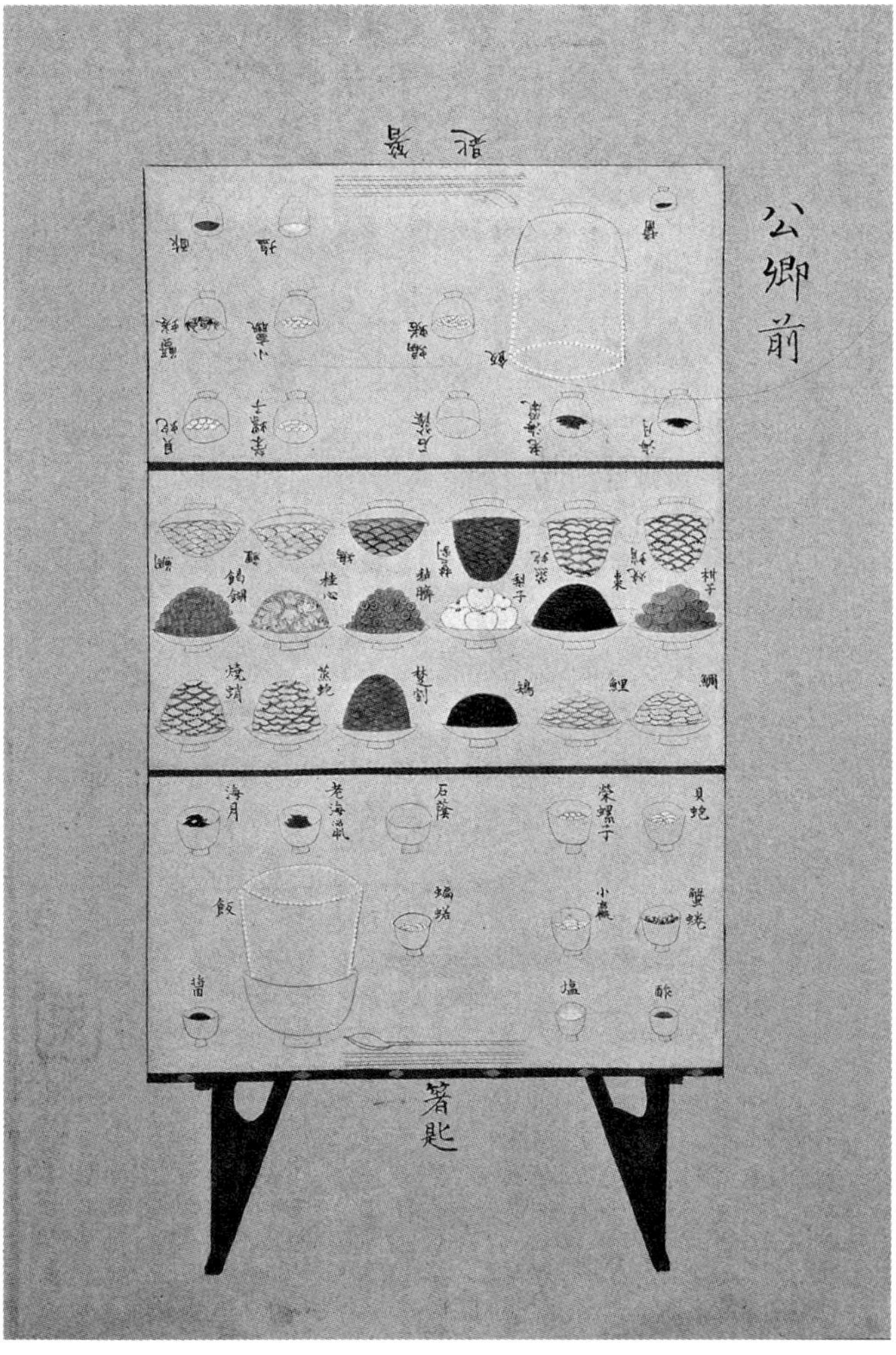

図19　『類聚雑要抄』巻第一下　東三条殿母屋大饗（東京国立博物館所蔵，Image: TNM Image Archives）

食前酒の「薬酒《くすざけ》」に続く一進は「祝菜《ほがいな》」といい、中央に「御物《おもの》」と呼ばれるご飯を高く盛り付け、その周囲に金塗の器に彩られた「おまわり」（そ・ほじし・すわやり・むしあわびなど）が円周状に並ぶ。横には調味料である「四種器《よぐさもの》」が添えられ、食具は銀製の箸《はし》と匙《さじ》である。一進の後、料理は二進から十進まで続く。

「饗宴」とは、辞書的にいえば、「酒食の席をもうけて客をもてなすこと。その宴席。さかもり。」を意味する（『日本国語大辞典』）。また、複数の人が一緒に食事を取ることを「共食」という。「共食」には神と人との神人共食もある。「饗宴」は、「共食」を不可欠の要素として含む。ここでは、古代の饗宴・共食の世界を探ってみたい。

焼尾荒鎮

ゴルフの世界では、ホールインワンやアルバトロスを達成した場合、「喜びや幸運を皆と分かち合う」ため、達成者が費用を負担し祝賀会や記念コンペ大会を行うという慣習がある。この慣習による多額の支出に対処するための保険商品も少なくない。

「喜びや幸運は分かち合うべき」と強制的に宴会を開かせる、こうした不思議な慣習は古代社会にも存在した。

是日、勅して、諸司・諸院・諸家・諸所の人、焼尾《しようび》荒鎮《こうちん》ならびに人を責め、飲を求むる、及び臨時に群飲するを禁断して曰く、「（中略）これにより、諸司・諸院・諸家・諸所の人、新たに官職を拝し初めて進仕に就くの時、一《ある》は荒鎮と号し、一《ある》は焼尾と称し、此より外、人を責め飲を求む。臨時群飲等の類、積習常となりて、酔乱度なく、主人毎《つね》に財を竭《つく》すの憂あり、賓客曾て身を利するの実なし。もし期約相違せば、終に陵轢《りようれき》に至り、営設具《そな》えざらば、定めて罵辱《ばじよく》をなし、ただに争論の萌芽たるに非ず、誠に闘乱の淵源となる。望み請うらくは、勅文に准拠し厳かに禁止を加えん、といえり。但し、集る者を聴すといえども十人を過ぐるべからず。また酒を飲み過差して闘争に至るを得ざれ。もし違う者あらば、親王以下五位以上、ならびに食封《じきふ》・位禄《いろく》を奪い、自外は前格の如くせん。もし容隠して糺《ただ》さざらば、同じくこの科に処せん。ただし聴《ゆる》すべきの色は具《つぶさ》に別式にあり」と。

（『日本三代実録』貞観八年〈八六六〉正月二十三日庚子条）

「荒鎮」「焼尾」は漢語で、前者は「大酒を飲むこと」、後者は「中国唐代、初めて大臣を拝した者が例として食を天子に献ずること、または、士人《しじん》（統治階層）の子弟が初めて進士に及第した時に行う宴」を意味する。この風習は、日本に入った後、貴族社会で独特の意味を持つようになる。

貞観八年正月勅の骨子は左のような意味になる（山下信一郎・二〇一二）。

官司や院宮王臣家の人々が、新たに官職に就いた者や初めて仕官した者に、「焼尾荒鎮」の慣習だと言って饗応や飲食を求めることが常態化し、節度がない。饗応する側は財産を失い、される側も身のためにならない。饗応が間に合わない、不備があるとなると相手を侮辱し、暴力沙汰に至る。誠に宜しくないので禁断する。

勅は、その上で、①許可を受け「焼尾荒鎮」を行う際も、参加者は一〇人以内で酒を飲んで乱闘騒ぎを起こしたりしないこと、②違反者は親王以下五位以上は食封・位禄を没収し、六位以下は前格（天平宝字二年〈七五八〉二月勅）により現職を解任すること、③どのような場合に「焼尾荒鎮」が許されるかは「別式」を定めること、以上を規定している。他の史料によれば、「別式」の内容は、大臣大饗や衛府大将饗（六衛府長官の初任時の饗宴）の場合、勅許を得て、弾正台《だんじょうだい》・検非違使《けびいし》が監視していれば実施してよい、という内容であった。

この法令の淵源は、先に六八頁で触れた天平宝字二年二月の禁酒令である。その後、九世紀後半以後、この種の法令が頻繁に発令されるようになる。貴族から下級官人まで「焼尾荒鎮」の風が蔓延し、何度禁制を出しても効果がない状況が窺える。

貞観八年正月勅では、大臣饗と共に衛府大将饗の「焼尾荒鎮」を条件付きで認めている。衛府は宮城警衛にあたった官司で、律令制成立当初は五衛府であったが、弘仁二年（八一一）以後は、左・右衛門府、左・右兵衛府、左・右近衛府の六衛府体制が定着した。「焼尾荒鎮」を監視する弾正台・検非違使の内、後者は衛府から派生した令外官《りょうげのかん》である。

衛府の長官は、軍事・警察など危険を伴う職務に数百人に及ぶ士卒《しそつ》を集団で従事させる。緊急事態の際、親分の命令にこたえる子分を抱え込むには、奢《おご》り奢られの人間関係もやむなし、とされたのである。

平安時代以後、諸官司や院宮王臣家は、いずれも社会集団としての自律性を強めてゆく。それと並行して、集団統制において、官僚制的な規律が後退し、主従制的な規範が優先されるようになる。「焼尾荒鎮」の盛行には、こうした背景がある。

先に、『宇津保物語』藤原の君の三春高基に関する描写を取り上げた（七一頁）。かつて石母田正は、倹約を追求し、ぜいたくを批判する三春高基の思考を受領《ずりよう》階級の典型と捉え、音楽や和歌、書に対する高い教養といった貴族的文化に対する『宇津保物語』作者の批判的精神を体現していると主張した（石母田正・一九四三）。

しかし、高基が「我物くはざらむ女得む」という守銭奴的発想で妻とした徳町は、酒の肴を求める家人に、上等な果物・乾物を蔵から取り出し与えている。市女として財をなした彼女は、院宮王臣家を営む上で、時にはぜいたくが必要だという現実を認識していたのである。

農村の労働と酒宴

「焼尾荒鎮」は、部下が上司に対して、饗応を強要したものであった。ここでは、日常生活における社会的上下関係は逆転している。

このような酒宴は、農村でも確認できる。

太政官符す

まさに田夫に魚酒を喫《くら》はしむるを禁断すべき事

右、右大臣の宣を被《こうむ》るにいわく、勅を奉《うけたまわ》るに、凡そ魚酒を制するの状、頻年、行下すること已に訖《おわ》んぬ。聞くならく、このごろ畿内国司、格旨を遵ぜず、曾《かつ》て禁制するなし。これにより殷富《いんぷ》の人、多く魚酒を蓄え、既に産業の就き易きを楽《ねが》い、貧窮の輩、僅かに蔬食を弁じ、還りて播殖の成し難きを憂う。是を以て貧富共に競いて己が家資を竭《つく》して彼の田夫に喫わす。百姓の弊、斯《これ》より甚だしきはなし。事において商量するに深く道理に乖《そむ》く。宜しく所由の長官に仰せて厳しく捉搦《そくだく》を加え、専当人等、親《みずか》ら郷邑に臨みて子細検察すべし。もし違犯あらば、蔭贖《おんしょく》を論ぜず犯に随いて決罰せよ。永く恒例と為し、阿容《あよう》することを得ざれ。

延暦九年四月十六日　（『類聚三代格』巻十九禁制事）

この史料は、延暦九年（七九〇）四月十六日に中央・地方の諸官司を総管する太政官が発令した法令（太政官符）である。同趣旨の法令としては、七世紀中期に、大化二年（六四六）三月の旧俗改廃詔（『日本書紀』大化二年三月甲申〈二十二日〉条）、九世紀前期に、弘仁二年（八一一）五月勅（『日本後紀』弘仁二年五月甲寅〈二十一日〉条）がある。

二行目の「まさに……事」は、事書（題目）で、農作業従事者（「田夫」）に「魚酒」を食べさせるのを禁じる旨を宣言する。「魚酒」の「魚」とは、魚類に限らず、「酒を飲むときに添える食物」（「さけ（酒）のな（菜）」）の意である。大化二年の旧俗改廃詔では、「美物」という語が使われているが、内容は同じである。

延暦九年の場合、四月十六日は、太陽暦に換算すると六月三日にあたる。太政官は、臨時に大量の労働力が必要になる田植を念頭に、田夫に魚酒を振る舞うことを禁止したのである。

三行目以後の事実書（本文）は、太政官の現状認識を記す前半「右、右大臣の宣を……道理に乖く。」と、状況改善への対応を命じる後半「宜しく所由の長官……阿容することを得ざれ。」とに分かれる。前半は、「魚酒」提供禁止の命令を畿内国司が無視していること、結果、「魚酒」を蓄積し得る富豪と粗食しか提供できない貧農との間で経営状況に格差が生じている旨を記す。後半は、「魚酒」禁制の徹底を図るため監督を強化し、違反者を処罰せよ、と命じている。

先に述べたが、古代農村において「殷富の人」（富豪）は、経営資本として酒を醸造し、それを貸し出して利益を得ていた。「貧窮の輩」は農夫の雇傭に必要な質・量の「魚酒」を農繁期に自弁できず、「殷富の人」から高利で借りて凌ぐことになる。当然、「富める者はますます富み、貧しき者はますます貧しく」という結果になる。

日本古代史では、この種の史料に見える労働形態を「魚酒型労働」と概念化している。この法令に労働の報酬として見えるのは、「魚酒」のみである。ただし、先にも述べたが、古代社会の酒の支給形態は多様で、酒・飯に加えて禄物を支給した事例、酒・飯のかわりに米・銭などを支給する場合もある。米・銭などを給与として支給した上で、「魚酒」を振る舞うケースがあっても不思議ではない。

従来注意されていないが、この法令は、畿内地域の国司が魚酒禁制を無視し禁制が徹底していないことを、発令の理由として述べている。延暦九年は長岡京の時代、畿内は、山背・摂津・河内・大和・和泉の五ヵ国である。京を中心にもつこの地域では、さまざまな産業が発達し、労働力を奪い合っていた。その具体的な実態を見てみたい。

京・近郊の労働と酒宴

時代は下がるが、平安時代後期に編さんされた『今昔物語集』の巻二十六第十三話「兵衛佐上緌主《ひようえのすけあげおのぬし》西八条ニ於テ銀ヲ見テ得ル語」には次のような記述がある。便宜上①〜④に区分して掲載する。

①難波ノ辺ニ行テ、酒・粥ナドヲ多ク儲ケ、亦、鎌ヲ多ク儲テ、往還ノ人ヲ多ク招キ寄テ、其酒粥ヲ皆飲ム。然《さ》テ、「其ノ替ニハ、此ノ葦《あし》苅テ少シ得サセヨ」ト云ケレバ、或ハ四五

束、或ハ十束、或ハ二三十束苅テ取ラス。如此《かくのごとく》三四日苅セケレバ、山ノ如ク苅セ積ツ。

②其ヲ船十余艘ニ積テ京へ上ルニ、往還ノ下衆共ニ、「只ニ過ムヨリハ、此船ノ縄手引《ひけ》」ト云ケレバ、酒ヲシ多ク儲タレバ、酒ヲ呑ツ綱手ヲ引ケバ、糸疾《と》ク賀茂河尻ニ引付ツ。

③其後《そののち》ハ、車借テ、物ヲ取セツ、運ビ、往還ノ下衆共ニ如此《かくのごとく》酒ヲ呑セテ、其《その》買得タル浮《うき》ノ所ニ、皆運ビ持来ヌ。

④然テ、其葦ヲ其浮ニ敷テ、其上ニ其辺ノ土ヲ救テ、下衆共ヲ多ク雇テ、刎置《はねおき》テ、其上ニ屋ヲ造ニケリ。

右は、兵衛佐上綏主を主人公とする富貴譚の一部で、以下のように話が展開している。

①難波津周辺で、「酒・粥」と「鎌」を調達し、「往還ノ人」に、「酒・粥」を飲ませた上で、葦を刈り、船に積み込ませる。

②難波から「賀茂河尻」までの淀川沿岸で、「往還ノ下衆共」に、「酒」を飲ませた上で、綱手を引かせ船を曳航させる。

③「賀茂河尻」で、船から借りた車に葦を積み替え、「往還ノ下衆共」に酒を呑ませ、平安京内の建設現場に運搬させる。

④「下衆共」を雇って、運搬させた葦を、現場に敷き土をかぶせ建物を建てる。

上綾主は、難波から京の建設現場まで、見ず知らずの通りすがりの人々を、「酒」「粥」の提供を条件に雇傭し、道具を貸与して、葦の刈り取り・運搬、牽船、整地などの重労働に従事させている。その実態は農村の田植期などの魚酒型労働とかわりはない。京・畿内では、魚酒型労働は日常的で競合していたのである。

火消し・警察・キヨメ

奈良・平安時代の社会において、最大の雇傭主は官司、特に中央官司である。中央官司が、臨時の報酬を呼び水に、労働力を徴発した事例は少なくない。たとえば、『日本三代実録』貞観十七年（八七五）正月二十九日癸丑条には、

冷然院《れいぜんいん》火なお未《いま》だ滅《き》えず。布物を院北頭に積み、四方の人に募り、救火せしむ。功ある者には、布を以て賜いき。右衛門火長大原雄広麿《おひろまろ》、振励して火を撲す。手を誤り、焔《ほのお》に墜《お》ち、死に致る。官、殯料《ひんりよう》新銭三貫文、米一斛五斗、商布卅段を給い、施薬院《せやくいん》をして葬送せしむ。

という記事がある。平安京冷然院の火事の消火作業に、朝廷は、現場近くに報賞として

「布物」を積み上げ消火要員を募っている。右衛門火長大原雄広麿が殉職すると、太政官は殯料と新銭、米、商布を贈り、施薬院に葬送させている。

もっとも、このような事例ばかりではない。承和八年（八四一）七月、「左兵衛府駕輿丁町西北角」から失火し、「百姓廬舎卅余烟」を焼損した火事では、強制的に通行人を駆り立て消火作業に従事させている。徴発主体は、火元と関係の深い左兵衛府だろう。要するに、臨時に大量の労働力を調達するには、財力か強制力（暴力）、いずれかが必要なのである。

平安時代以後、六衛府の職掌のうち、平安京・周辺の警察業務は、検非違使に段階的に移行する。検非違使を統括する別当《べっとう》には原則として衛門督《えもんのかみ》が就任し、多くは参議ないし中納言を兼任した。警察業務の担当は看督長《かどのおさ》と呼ばれる下級官人だが、時には上級の官人が多数の従者、郎等《ろうとう》を率いて対処することもあった。「蛇の道は蛇」で、犯罪者の情報収集等のために、「放免《ほうめん》」と呼ばれる前科者も下級刑吏として配下に置かれた。

先に述べたように、六衛府の長官は、部下を主従制的原理で編成するために、「焼尾荒鎮」を特別に許された。検非違使、特に別当は、「容儀」・「才学」・「譜代《ふだい》」・「近習」などと共に「富有」が任命の条件とされた。こうした性格は、六衛府長官のそれを基本的に継承している。平安時代後期、朝廷の実権を握った平氏一門は、平安時代末期、検非違使別当を世襲した。

検非違使は、ケガレの除去（キヨメ）、たとえば、死体処理、処刑、火消しなどの職掌を担うようになった（丹生谷哲一・一九八六）。『今昔物語集』巻十六第二十九話「長谷《はせ》ノ観音ニ仕ル貧シキ男、金ノ死人ヲ得ル語」には、京の貧しい侍が、放置されていた死体を河原に運搬するよう放免に強要される話がある。「内野《うちの》」は平安京大内裏があった地域に内裏や諸官司曹司が置かれなくなり、荒野化したことから生じた地名である。説話の設定は、平安時代後期と考えられる。

検非違使は、「飴と鞭」（報賞と暴力）により、下層民を駆り立て、キヨメの任務を遂行した。別当は、「親分」として、キヨメに携わる下部《しもべ》も含め大勢の「子分」を養う甲斐性を持たねばならなかった。

日本の中・近世は、武家が政治の実権を握る方向で展開する。検非違使別当が持ったこうした性格は、「質実剛健」を標榜する武家の棟梁《とうりょう》にも継承された。御恩と奉公の社会関係は、武人や武芸を肯定的に評価する思想と共に、その後の日本文化の展開を特徴づけることになる。

特権としての酒宴

『春日権現験記絵巻』　図20は、鎌倉時代の絵巻物『春日権現験記絵巻』（延慶二年〈一三〇九〉製作、宮内庁三の丸尚蔵館所蔵）の一場面で、殿舎を建てるための普請場《ふしんば》の様子を描いた場面である。作品の設定では、舞台は大和国、時代は十世紀後半である。渋沢敬三・神奈川大学日本常民文化研究所編『新版　絵巻物による日本常民生活絵引』（一九八四年）、橿原考古学研究所附属博物館『特別展　美酒発掘』（二〇一三年）の解説を参考に絵解《えとき》をしてみよう。

普請場の一角で飲食が行われている。男たちは板の上に座り、その前に、四角の盆状の

図20　『春日権現験記絵巻』巻一より（部分，宮内庁三の丸尚蔵館所蔵）

（図20左上拡大）

折敷《おしき》が置かれ、その上に、飯椀、汁椀、小皿などが置かれている。後列左端の男は、椀を給仕係の女に差し出し、女は、湯気が立っている曲物《まげもの》から柄杓《ひしやく》で何か注いでいる。女の背後にある大きな甕《かめ》は、口に巻いた縄で柱に縛り付けられ固定されている。中身は酒だろう。

前列四人のうち、左の二人は左手に椀、右手に箸を持ち、右端から二人目の男は、椀を捧げて、銚子《ちようし》から何か注いでもらっている。列右端の男は、口に手をあて飲み残したものを捨てている。原本では注がれる液体は茶色で描かれ、右端の男の顔は真っ赤である。他の男たちの顔も赤みがかっている。銚子の中味は酒と思われる。右端から二番目の男は喜色満面で酒を受け、右端の男は飲めない酒を無理矢理飲まされ、我慢できずに捨てているのだろう。

工人の酒宴

残念ながら、平安時代以前の絵巻物には、『春日権現験記絵巻』のような普請場のような作業場での食事を描いたものはない。しかし、先に取りあげた『宇津保物語』吹上（上）（五五頁）では、神奈備種松邸の「作物所《つくもどころ》」の様子を次のように描写している。

これ、作物所。細工《さいく》三十人ばかり居て、沈《じん》、蘇枋《すおう》、紫檀《したん》らして、破子《わりご》、折敷、机ども
など色々に作る。轆轤師《ろくろし》ども居て、御器ども、同じものしてひく。机立てて物食ふ。
盤据ゑて酒飲みなどす。

細工（小道具、調度など細かい物を作る職人）や轆轤師が、破子、折敷、机など高級製品を製作する様子が描かれた場面である。その末尾に、彼らの食事の様子を「机立てて物食ふ。盤据ゑて酒飲みなどす」と描いている。

ちなみに「作物所」の次は「鋳物師の所」の様子が叙述されるが、ここでも末尾に「ここにもみな物食へり」という記述がある。高度な手工業生産を担う二つの部署の様子が同じように描かれるのは偶然とは思えない。

同時期の史料では、『枕草子』（能因本）三百十三段にも、殿舎の造営に従事する大工の食事の様子を描いた記述がある。彼らは運ばれてくる汁物、副食、飯をあっという間に平らげてしまう。清少納言は、当初その行動を「たくみの物食ふこそ、いとあやしけれ」と奇妙に見ていた。しかし、三、四人の大工が皆同様に振る舞うのを見て、彼らはそういうものなのだ、と納得している。

先に述べたように、奈良・平安時代は朝・夕二食が一般的だった。正倉院文書には「間食」「間酒」という語が散見するが、それは、「食間食」ではなく「定例受食者ではない臨時受食者への食」を示す語として使用されている（山口英男・二〇一三）。「間食」「間酒」の受給者は、臨時の雇傭労働者が多い。

平安時代以後、細工などは、律令官司から相対的に自立し、院宮王臣家や寺社などとの関係性を強める。ただし、平安時代中期でも、王臣家が自前の工房を独自に経営しているような状況は確認できない（古尾谷知浩・二〇一〇）。院宮王臣家や寺院は、希少で流動的な技術労働力の確保を意図して、種々の優遇措置をとり、その一つとして酒支給は広く行われたのだろう。

大工や細工といった人々は、皇族・貴族の家においても、殿舎の造営、調度品の製作などの際に臨時に雇傭される存在だった。貴族層にとって、たまに見る彼らの振る舞い、特に、豪快に間食・間酒を飲み食いする様子は異様なほど印象的だったのである。

さまざまな職人と、その業態、生活、服装などを和歌または絵画に表現した作品を「職人尽《しょくにんづくし》」という。網野善彦は、『宇津保物語』の種松邸の描写を一種の「職人尽」として評価する（網野善彦・一九九二）。間食は、大工や細工を象徴する「記号」として、文学や絵巻物、特に「職人尽」的な作品に活写されたのである。

間食は、「ケンズイ」「ゴチョウ（ゴショウ）」などとも呼ばれる。「ゴチョウ」は「午《ご》餉《しょう》」のなまった語で、北陸地方では大工を「ゴチョウ」と呼び、「ゴチョウ」を苗字にした家もあるという。「記号」は、形をかえながら現代まで生き続けている。

『土佐日記』

先に述べたように、給与としての酒（酒手）の受給対象となる職種としては、工夫と共に、運輸労働従事者が代表的である。ここでは、その実態を、『土佐日記』を素材に復元してみたい。

『土佐日記』は、土佐守紀貫之《きのつらゆき》の帰京の路程を、承平四年（九三四）末から翌年二月のこととして描いている。図21はその行程をまとめたものである。貫之は十二月二十一日に国府を立ち、海路で京都に向かう。ただし、荒天の影響で路程はなかなか進まず、土佐国を離れたのは、正月二十一日のことであった。

この間、貫之のもとには、諸方面から餞別が届けられている。たとえば十二月二十七日、鹿児崎《かこのさき》では、新任の国司の兄弟が、酒を持参して訪れ、別れの酒宴が営まれている。持参

図21　紀貫之の帰京路程（目崎徳衛・1985）

した酒は宴席で供され、梶取《かじとり》も相伴《しょうばん》に預かった。

梶取は、古代・中世の操船責任者の名称である。中世には、荘園などの年貢の中央船送に携わり、反対給付として労賃を受け、荘園内に給田などを与えられた。自立した廻船業者としての側面も持ち、中世後期には輸送業者としての船頭と操舵手としての梶取とに分化した。なお幹部以外の一般船員は水手《かこ》などと呼ばれる。

梶取は大酒を飲み干すと、「潮満ちぬ。風も吹きぬべし」と、貫之に出船を促し大騒ぎする。先に紹介した工夫の事例もそうだが、「飲むのは仕事が終わってから」などという倫理観は窺えない。むしろ酔った勢いで運漕しようとしている。別れの宴をしみじみと楽しんでいた貫之は、梶取の行動を「ものの哀れ」を知らない、と歎いている。

十二月二十八日、大湊に到着後、貫之一行の船は、正月八日まで停泊することになる。二十八日には、前土佐守の子などが持参した「酒、よき物ども」を船に入れた後、「ゆくゆく飲み食ふ」とある。「よき物」は肴＝魚のことだろう。酒宴をしたくて帰京を遅らせているのでは、と疑わしく思えるほどである。

十二月二十九日には、医師が、正月用の屠蘇《とそ》と白散《びゃくさん》に酒を加えて持参している。屠蘇・白散は新年の健康を祈り元日に飲む薬酒で、中国唐代の風習が宮中の元日の儀式〈元日御薬〈供御薬儀〉〉に採用された。『延喜式』典薬寮・元日御薬条では、一献目に屠蘇、二献目に白散、三献目に度嶂散《どしょうさん》を一献ずつ天皇に供する旨を定めている。

図22は、京都市伏見区鳥羽離宮跡の調査で発掘された「白散」「度嶂散」と墨書された院政期の白色土器（乳白色の精良な土を焼いた土器）である。平安時代後期～鎌倉時代の京・近郊の遺跡では類例が数例あり、藤原忠実（一〇七八～一一六二）が晩年阿弥陀堂を建立した平安京左京八条三坊四町跡でも口縁部に「白散」と書かれた白色土器の盃が出土している。清浄性を示す儀器として白色土器が選択されたのだろう。出土土器から儀式の実態を追究する際、モデルとなる事例といえる。

墨書土器の墨書は、使用時に見えなくなる底部外面に行われることが多い。しかし、薬名を記した墨書土器の場合は、ほとんどが使用時に見える場所に墨書がある。また、図22のように蓋付の土器が多い。これらは、薬の容器としての特質を示すものといえる。

『土佐日記』に戻ろう。貫之一行は、その後正月十一日～二十一日、室戸《むろと》岬《みさき》室津《むろつ》に停泊する。停泊中の正月十四日には、次のような記述も見える。

図22　「白散」「度嶂散」と記された墨書土器（鳥羽遺跡，
京都市埋蔵文化財研究所提供）

十四日、暁より雨降れば、同じ所に泊れり。船君、節忌《せちみ》す。精進物なければ、午刻より後に、楫取の昨日釣りたりし鯛《たい》に、銭なければ、米を取り掛けて、落ちられぬ。かかることなほありぬ。楫取、また鯛もて来たり。米・酒、しばしばくる。楫取、気色悪しからず。

「船君」たる貫之は、精進落としに梶取（楫取）が前日釣った鯛を購入している。それに味をしめた梶取はその後何度も鯛を持参し、その都度、貫之は米や酒で買い取っている。梶取は、貫之への餞別の一部を、このようにしてせしめたのである。機嫌が悪くないのも当然である。

正月二十一日、貫之一行は、ようやく土佐国を離れ、阿波国沿岸を北上し、本州に向かうことになる。海洋航海の船舶は、積み荷が軽いと、重心が上がり転覆の危険性が増す。そのため、船底に重しとなる荷物（底荷＝バラスト）を積み込みバランスを取る。たとえば、現在タンカーを運航する際、空荷の際には海水を積載する。遠洋航海の船舶にスコッチ・ウイスキーを樽ごと積み込み、航海期間中に熟成させたというような特殊事例もある。米や酒といった重い物品は、底荷の役割も果たした。

二月六日に、貫之一行の乗船は難波に到着し、以後、十一日に山崎に到着するまで淀川を遡上する。途中、「わだの泊りのあかれのところ」（淀川と神崎川の分岐点）で、現地の貧民の求めに応じ、米・魚を施行《せぎょう》している。施行には、底荷を軽くし、綱手引きを容易にするという効果もある。

水辺の労働者

九五頁で引用した『今昔物語集』巻二十六第十三話では、難波から「賀茂河尻」まで船を曳航する人夫として、「酒」を飲ませた「往還ノ下衆共」を動員していた。先に述べたように、平安時代前期には、平安京・難波津・山崎津に「酒家」が存在し、綱手引きなど、運輸業・商業者が集住し、都市的状況を呈していた。難波と山崎を結ぶ淀川流域・山陽道には大小の港や宿駅が存在した。

淀川の両岸には、垂水御牧《たるみのみまき》、鳥養御牧《とりかいのみまき》や、大江御厨《おおえのみくりや》などの存在が知られる。御牧に属する牧子は牧畜、御厨の贄人は漁撈を基本的生業とするが、免田の耕作・経営、水運にも従事した。淀川流域には浮遊労働者が群をなして存在したのである。

貞観九年（八六七）十二月二十日には、諸司・諸家人が大津・山崎周辺の車馬を「強雇《ごうこ》」する事態に対し、それを禁じる太政官符が発令されている（『類聚三代格』巻十九）。

官符は、「強雇」の結果、院宮王臣家以外の「行旅之人《こうりよのひと》」が不自由をきたし、車馬を扱う「傭賃之輩」が生計の手段を失うことを憂慮している。

「強雇」とは、自己に帰属していない人、その人が所有する物を暴力で獲得し、一時的に使役する行為である。先に消火作業を事例に説明したように、臨時の緊急措置としては有用である。しかし、濫用《らんよう》すれば行き詰まることになる。ゆえに、雇用主は、暴力（強制力）と共に財力を投下し労働者を雇傭する。梶取・水手、綱手引きに対する「魚酒」の給与は、そうした状況で発達したのだろう。

『参天台五台山記』

『土佐日記』は、「男もすなる日記といふものを、女もしてみむとてするなり。」との起筆が象徴するように、文学的脚色が濃厚である。「嘘つき」というと言い過ぎになるが、相当に話を盛っている。これに対して、次に取りあげる『参天台五台山記《さんてんだいごだいさんき》』は、事実を丹念に書き留めていて、歴史学の研究者が安心して使えるものである。

記主成尋《じょうじん》（一〇一一～八一）は、岩倉大雲寺別当を務め、延暦寺総持院阿闍梨《あじゃり》となった天台僧である。日記は、延久四年（一〇七二、宋年号では煕寧五年）三月十五日、成尋が弟子ら七名と宋商船に乗船する記事から始まる。翌年六月十二日、開宝勅版一切経《かいほうちょくはんいっさいきょう》などの多数の経典、仏像、神宗《しんそう》皇帝の日本に贈る文書・物品などを、弟子五人に託し日本に向かう宋船に乗り込ませた記事で終わる。中国各地の水陸交通の状況などと共に、金銭の収入・支出など成尋一行の日々の遣り繰りに関する詳細な叙述がある。

たとえば、延久四年十月一日条には、次のような記述がある。

水手十六人に酒二瓶・糖餅《とうへい》八枚を与え了んぬ。梢工《しょうこう》に酒一提子・糖餅五枚を与え了んぬ。前々の州の酒皆以て此の如く船々に分志す。暇《いとま》無きにより委しく記さず。（後略）

宿州から柳子鎮に向かう際の記事である。梢工（梶取）に酒一提子と糖餅五枚、梶取の下で操船する水手一六人に酒二瓶・糖餅八枚を与えている。諸州から送られた酒を船員に分け与えるのは、これ以前から恒例として行われていた。几帳面な成尋すら詳細を記すのが面倒で省略していたのである。

先に、相撲節の標《しめ》を製作する細工に、疲れを癒やすため索餅と酒肴を贈った、という史料を紹介した（六八頁）。索餅も中国起源の菓子である。疲れた時に酒と餅という習俗も、中国から入ってきたのだろうか。

開封《かいほう》に到着した延久四年十月十一日条の記事では、梶取・水手・兵士（綱手引きにあたった）二〇人に飯を食べさせ、陳都衙・通事・梶取・兵士長には、酒を飲ませている。一般の水手が飲酒に預かった事例もある（延久四年九月七日条）。また、人夫や轎子擔《かごかき》を雇傭する際、到着前に「功食」として銭を給与し、到着後に「酒料」を支払った事例（延久四年五月十一日条）も確認できる。「酒料」は先に見た「酒手」のことである。『参天台五台山記』の舞台は中国で、梶取・水手・轎子擔など登場する運輸労働従事者は宋人である。しかし、酒の調達、支給の仕方は、『土佐日記』に描かれたそれと驚くほど一致している。

乗船者、特に貫之のように船主の場合、建前では、梶取よりも上位の立場にある。しかし、現実には、特に外洋や大河川などでの航海では、梶取はもちろん水手にも気配りをする必要があった。命を預けているからである。航路の節目には、安全祈念など、さまざまな宗教儀礼が実施され、その多くは饗宴を伴った。船団の連帯感を形成するために、これらに梶取・水手が招かれることは少なくなかった。

紀貫之は、承平五年正月二十一日、室戸岬の室津を出航する際の思いを「国よりはじめて海賊報いせむといふなる事を思ふへに、海の又おそろしければ、頭も皆白けぬ。」と記している。国府出発時から海賊が報復するという噂に怯え、いよいよ土佐国を離れるに至り、恐怖のため白髪頭になってしまったというのである。その後も、貫之は、鳴門海峡を越え、和泉国に至るまで、繰りかえし海賊への危惧を書き記している。

九・十世紀の海賊は、政府の地方政策・財政政策に対する地方有力者の抵抗運動という側面があった（下向井龍彦・二〇一一）。九世紀後期は、貢納物運京を国司から請け負った有力者が請負額の穴埋めのために襲撃を試みるケース、十世紀は、国司が解任した衛府舎人などが海賊化するケースが多いという。前者は借財の取り立て、後者はリストラへの仕返しである。貫之の帰京は、瀬戸内海を舞台に、藤原純友《ふじわらのすみとも》（不明～九四一）が反乱を起こす直前である。『土佐日記』の叙述は少々芝居じみてはいるが、当時の国司と海賊との関係性を反映している。

水上の暴力

水上の暴力行為は、海上のみとは限らない。十一世紀後半、近江国琵琶湖《びわこ》湖畔の堅田《かたた》には、下鴨神社の堅田御厨が成立し、続いてその周辺に延暦寺の堅田荘が成立した。鎌倉時代、堅田荘には「堅田衆」なる自治組織が誕生し、船団を保有して、時には水賊行為で他の琵琶湖沿岸都市を牽制しつつ、指導的地位を確保した。堅田渡には、延暦寺により湖上関が設置され、関料が徴収された。

永承六年（一〇五一）正月二十八日「近江国愛智荘結解」（『平安遺文』六八七）には、前年永承五年の琵琶湖渡航等の関連経費「運賃雑用三石八斗五升」の内訳として、「卅石納船二艘賃八斗」「梶取二人賃八斗」「水手六人賃一石八斗」などと共に、「堅田渡酒直一斗五升」が計上されている。「堅田渡」は、現在琵琶湖大橋が架かっている琵琶湖の最狭部で、「酒直」はその通行料と推測される。これを中世関料の初期事例と捉える見方もある（大津市・一九七八）。

『土佐日記』で見たように、航海における酒のやりとりには、多くの場合、安全祈願など宗教的・精神的意図が介在する。しかし、こうした風習は、定例化（慣例化）と共に名目化（形式化）し、受益者の利権と化す。その結果、酒や酒直（酒手）の納付を怠った者に対して、受益者側が神仏の罰と称して暴力を振るい強制徴収するような慣行が成立するのである。

饗宴・共食と労働

古代の社会集団・組織において、共食、特に酒宴がいかなる意味をもつのか、工夫と梶取・水手の事例を中心に見てきた。

古代村落の酒宴としては、「魚酒型労働」以外では、農耕開始時に村落で行われる春時《しゅんじ》祭田儀礼《さいでんぎれい》がよく知られている。『養老律令』儀制令春時祭田条には、

凡そ春時祭田の日、郷の老者を集めて、一たび郷飲酒礼《ごういんしゅらい》を行え。人をして尊長養老の道を知らしめよ。其れ酒肴《しゅこう》等の物は、公廨《くがい》を出し供せ。

という規定がある。この儀礼では、年長者を敬い養うべしという「尊長養老の道」とともに、「国家の法」が村民に告知され共有された。また、酒肴等の経費は、公費によって賄われた。

春時祭田は、儒教イデオロギー、礼制に基づいて行われる。儒教が創始された中国において、「礼」は、行動の自己規律で、社会生活上、自己と相手の相対関係の異なるのに対応して、最もふさわしい行動の型を具体的・可視的に履行する能力のことであった（滋賀秀三・二〇〇三）。「礼」は、君臣関係の如き上下関係も含め、社会における差異を正当

化・合理化するもので、ゆえに伝統的・基本的社会秩序として機能した。

春時祭田の酒宴は、共同体の礼的秩序を確認し固定するもので（義江明子・一九九六）、これに参加することは、村民にとって義務であり、特権でもあった。律令国家は、礼制の浸透を図るため、公費を供出し酒宴を積極的に支援した。

一方、先に触れた魚酒型労働（農繁期における酒宴）は、春時祭田とは対照的である。臨時の需要を満たすために、村民だけではなく非村民にも労働の参加を促すことになる。魚酒型労働の横行は、村落内の貧富の格差を助長し、共同体的関係を脅かすものであった。したがって、朝廷は、これを禁止する法令を頻繁に発令した。

先に述べたように、魚酒型労働は、京や周辺地域で広範かつ日常的に展開していた。農村の場合とは異なり、前掲『今昔物語集』巻二十六第十三話（九五頁）の淀川流域の牽船のように、見ず知らずの通行人が徴発され、全くその場限りの人間関係が酒宴を通じて結ばれることもあった。

「知識」の原理

平安時代後期に成立した歴史物語『大鏡《おおかがみ》』には、寛仁年間（一〇一七～二一）に藤原道長《ふじわらのみちなが》が法成寺《ほうじょうじ》阿弥陀堂を造営した際の様子を描いた部分がある。老翁大宅世継《おおやけのよつぎ》は、極楽浄土への往生を希求して、人夫を喜んで現場に差し出した。現場では、頻繁に飯・酒などが支給され、特に常時奉仕する者には衣類までが加給されたという。

古代社会では、寺院造営や写経などの際に、しばしば知識《ちしき》という団体が結成された。発願者が、指導的役割を果たす導師を担いだ上で、人々に広く協力を求め、それに応じた人々が結集する、というのが知識の基本構造である。

天平十五年（七四三）の大仏造立詔《だいぶつぞうりゅうのみことのり》で、聖武天皇は、自己の富勢による造立を否定した上で、「人有りて一枝の草・一把の土を持ちて像を助け造らんと情願せば、恣《ほしいまま》に聴せ。」と述べ民衆の自発的協力に期待した。「広く法界に及ぼして朕が知識と為し、遂に同じく利益を蒙らしめ、共に菩提《ぼだい》を致さしむ」、つまり、民衆と広く仏縁（知識）を結び、悟りの境地に達し救済されることを願ったのである。聖武は、この理想の実現を目指し、治水・架橋など社会事業に実績のあった行基《ぎようき》を、大仏造営の導師として登用した。知識の特徴は、平等性と開放性で、礼制とは対照的である。

倭国における寺院造営は、蘇我《そが》氏の飛鳥寺《あすかでら》、上宮王家《じようぐうおうけ》の法隆寺造営を嚆矢《こうし》とし、天智二年（六六三）白村江《はくそんこう》の戦いにおける敗戦を契機に、一気に地方社会に広がった。七世紀後期に建立された白鳳寺院《はくほうじいん》の多くは、地方官僚となった在地有力者を檀越《だんおつ》とする。造寺の際、彼らは親族の安寧を祈願すると共に、事業の目的が「天皇奉為《てんのうのおんため》」であることを強調し、自身の公的立場をアピールした（竹内亮・二〇一六）。こうして、氏の範囲を超え、支配領域の人民の結集を図ったのである。

先の『大鏡』の事例では、法成寺造営に参加した人夫に飯・酒が施されている。知識による寺院の造営において、給食物は施物としての意味をもつ。しかし、その実体は、「魚酒型労働」の「魚酒」とかわらない（櫛木謙周・一九八五）。造営現場における共食は、やはり知識の平等性・開放性を象徴している。

ただし『大鏡』の描写は、藤原道長贔屓の作者による説話的なものである。法成寺造営に奉仕した家司《けいし》らの多くは、その報賞、たとえば叙位や除目などの際の「口利き」を期待していたに違いない。奉仕される側も、彼らの志《こころざし》をリストアップしてチェックしていた。多数の人夫が自発的に参集したのも、「食いつなぐため」という切迫した動機によることは疑いない。

図23　重源狭山池改修碑（大阪府立狭山池博物館所蔵）

「知識」による造営は、中世でも広く行われた。たとえば、大阪府大阪狭山市《おおさかさやまし》狭山池の発掘調査で出土した建仁二年（一二〇二）「重源《ちょうげん》狭山池改修碑」（図23）には、導師重源の指揮の下に、「道俗男女沙弥《どうぞくなんにょしゃみ》少児《しょうじ》乞《きつ》丐《かい》非人《ひにん》」まで地域の全階層が結集し、自ら石を引き、堤を築いた、と刻まれている。碑文は、この結縁を、法界衆生の平等利益を願ったものと意義づけている。「乞丐」は「乞食」と同義で物乞い、特に食を乞うて生活する人、「非人」は中世の被差別身分で、その多くは乞食により生計を立てた。乞食は古代社会に遡源し、中世社会では「非人」の職掌に転化する。

碑文の「乞丐非人」の字句自体は、史実ではなく重源の有徳《うとく》・人望を誇示するための文飾である可能性が高い（市川秀之・二〇〇九）。しかし、こうした形で文飾がなされること自体に歴史的意味がある。食生活史の一環として、乞食の展開を古代に遡源して考えてみたい。

乞食の風景

施行と乞食

東大寺修二会食作法

奈良県奈良市東大寺の二月堂では、毎年、三月一日から十四日まで、「お水取り」が行われる。正確な呼称は「修二会《しゅにえ》」で、練行衆《れんぎょうしゅう》と呼ばれる僧侶集団が本尊十一面観音を讃嘆し悔過《けか》する。天平勝宝四年（七五二）の創始とされる伝統行事である。ニュース等で取り上げられ有名なのは、二月堂の舞台で松明《たいまつ》を振り回す「お松明」で、火の粉を浴びると無病息災に過ごせるということで、毎年多くの参拝客を集めている。

修二会の期間中、練行衆は、毎日正午に食堂に集まり日に一回の食事を取る。これを

「食作法《じきさほう》（食堂作法）」という。最上位の北座に和上《わじよう》と大導師《だいどうし》が着くが、その上座にある食堂北西隅の厨子には、賓頭盧尊者《びんずるそんじや》（釈尊の弟子で、十六羅漢の第一）像が安置されている。食堂は授戒《じゆかい》の場でもあるが、その際には、僧侶全員が集まり、賓頭盧尊者を上首（衆僧の長）として布薩《ふさつ》という戒律遵守を誓う儀礼が行われた（吉川真司・二〇一〇）。

食作法の献立は、飯と煮物、みそ汁といった精進料理で、皆のための祈りを捧げた後、無言で食事をする。食事を終えた練行衆は退出の際、鼻紙に包んだご飯を向かいの若狭井《わかさい》の屋根に向かって投げ、「生飯《さば》」として鳩など鳥に施す。その後は一切の飲食が禁止される。

修二会の食作法は、斎食《さいじき》（仏事の際の食事）の作法を伝えるものとして貴重で、他の古代の斎食史料とも矛盾しない。奈良国立博物館では、毎年、修二会の時期に合わせて「特別陳列　お水取り」を、開館時間を「お松明」の時間帯まで延長して開催している。展覧会では食作法の法具など、貴重な文物が展示される。

門付乞食

現在の修二会では、生飯は鳥獣に施されている。古代の施しに関する史料を見てみよう。

『日本霊異記』下巻十二縁「二つの目盲いたる男の、敬いて千手観音の日摩尼手を称えて、以て現に眼を明くこと得し縁」は、千手観音の霊験により、盲人が化人《けにん》の治療を受けて目が見えるようになったという話である。その冒頭に次のような一節がある。

奈良の京の薬師寺の東辺の里に、盲《めし》いたる人有りき。二つの眼ながら精盲《あきしい》なりき。観音に帰敬《ききょう》し、日摩尼手を称《とな》念えて、眼の闇《やみ》を明さむとしき。昼は薬師寺の正東の門に坐し、布巾《たのごい》を披《ひら》き敷き、日摩尼手の名を称礼《となえおが》む。往来の人、見哀ぶ者、銭・米・穀物を巾《たのごい》の上に施し置き、或いは巷陌《ちまた》に坐し、称礼すること上の如し。日中の時に、鐘を打つの音を聞きて、其の寺に参り入りて、衆僧に就きて飯を乞ひ命活きて、数《あまた》の年を経たり。

主人公は、薬師寺東辺の里に居住する「盲人」である。彼は、薬師寺の門前や衢《ちまた》（交差点）に座し、呪文をとなえて歩行者から銭・米・穀物などの施物を受け、また、毎日正午に薬師寺の衆僧に飯を乞い命を繋いでいた。

古代の乞食には、二つの方法がある。一つは、家や寺院などの門口《かどぐち》を個々に訪問する方法、もう一つは市や寺院の門前などで不特定多数の人々に物を乞う方法である。

僧尼の乞食行は、主として門付《かどつけ》の方法をとる。律令の規定では、官司・寺院の統制の下、午前中に食料に限り実施が認められていた。一方、乞食芸を行う「ホカヒ人」は、門付により特定の施主を礼讃する一方で、市辺などで神の加護を祈る「乞食者詠」を歌ったと推定されている。先記の盲人のような生存を目的とする乞食は、出家姿をとるとらないにかかわらず両方の方法を併用したと思われる。

奈良時代の正史『続日本紀』には、天平宝字八年（七六四）三月己未（二十二日）条に、平城京の東西市周辺の「乞丐者」が群集したとの記事がある。また、天平宝字三年五月甲戌（九日）条は、病気や路糧途絶により帰郷困難となった調庸運脚が市辺の「餓人」と化している、と述べている。しかし、これは、平城京の乞食の一端を示すに過ぎない。

図24は、長屋王家木簡の中の一点で、釈文は以下の通りである。

○乞者米一升受牛甘　十一月廿九日稲虫

「乞者」は乞食と同義で、門付乞食に対して米を支給したものと考えられる。支給料が一升だから、対象となった乞食は一人だろう。

『日本霊異記』には、中巻一縁「己が高徳を恃《たの》み、賤形の沙弥《しやみ》を刑《う》ちて、以て現に悪死

図24「乞者」に関する長屋王家木簡（奈良文化財研究所提供）

を得し縁」として、元興寺《がんごうじ》の法会で、長屋王が衆僧の供養を担当した際、乱入して飯を受けた賤しい身なりの僧を迫害し、その仏罰で長屋王の変で死に追い込まれたという筋立ての説話が収録されている。しかし、長屋王家木簡からは、邸内に多くの僧尼が常住し、写経など種々の仏事が行われたことが窺える。先の木簡も、信心深い長屋王家の人々の日常を示すものだろう。

寺院での施行

『日本霊異記』下巻十二縁の盲人は、近所の薬師寺へ毎日門付乞食に行っていた。次の史料は、このような慣行が現実に行われていたことを裏付けるものである。

天平十一年正月一日より十三年十二月卅日に至る合せて三歳三日一千九十三箇日

合せて米九百三十四石二斗
合せて単口仏聖僧 并《ならびに》 衆僧客僧奴婢雇人六万六千百五十四日
仏聖僧二千百五十六軀供米卅八石八斗八合（日別二座。軀別一升八合。内粥料三合。仏御分を堂童子料に宛つ。聖僧御分乞者并病人昼用。）

右は、文永八年（一二七一）に編さんされた『河内国西琳寺《さいりんじ》縁起』（『西琳寺文永注記』）の一節である。西琳寺は、百済系渡来人王仁《わに》の後裔 西文《かわちのふみ》氏の氏寺で、七世紀に創建された。縁起は文永八年当時、寺内にあった古文書の要文を編さんして作成されたもので、鎌倉時代以前の逸書を断片的に引きつつ編さん時点の現在的記述を行っている。

傍線部の通り、西琳寺では、天平十一年（七三九）から十三年まで、仏像と聖僧に毎日一升八合の米を供え、その供米のうち仏像分を童子に、聖僧分を乞食または病人に施行していた。「昼用」とあるのは、前掲『日本霊異記』下巻十二縁や修二会食作法のように、施行が毎日正午前後に行われたことを示す。

「聖僧」とは、賓頭盧尊者像または文殊菩薩像のことで、供物の施行は、東大寺修二会の「生飯」と同趣旨の宗教行為である。文永八年当時、西琳寺は、叡尊《えいそん》を輩出した西大寺《さいだいじ》の末寺となり、律宗寺院として復興の途上にあった。縁起の編者惣持《そうじ》は、天平期における寺僧の行儀を戒律に叶ったものとし感嘆している。

こうした慣習は、平安時代には、特に貴賤の参拝者を集める観音寺院を中心に一般化する。たとえば、播磨国円教《えんきょうじ》寺では、平安時代中期、傜役之輩（臨時の力役に従事する者）、臨時客僧、修行者と共に、乞食に対する給食料が設置されていた（『書写山円教寺旧記』）。また、摂津国勝尾《かつおじ》寺でも、客僧や「頼りなき病者」に粥が施されていた（木村茂光・二〇〇六）。

これらと別に、寺僧の個人的な扶養はより広範に行われた。『三宝絵《さんぼうえ》』中巻十八話には、奈良時代、大安寺僧栄好が毎朝政所から支給される飯四升を母・乞者・自分・童子の四等分にし、自分の食事の前に、童子を派遣して寺辺に居住する母に食事を届けたとの描写がある。平安時代になると、女性に対する差別が諸方面で進行し、仏教の世界でも、尼寺が減少するなど男女差が顕在化する。一方で、寺僧が寺辺に母や姉妹を居住させて扶養し、他僧の母や貧女を実母と見なして孝養を尽くすことは、しだいに一般化する（勝浦令子・一九九五）。

京・畿内、畿内近国の寺院には、奈良時代以前から、寺辺の乞食や寡婦などを定期的・

日常的に扶養する慣習があり、平安時代以後、そうした慣習は拡大・深化していったのである。

清少納言が見た乞食

長徳四年（九九八）末頃の回想談と推定される『枕草子』八十二段の冒頭には、次のような記述がある。

職《しき》の御曹司《みそうし》におはしますころ、西の廂《ひさし》に不断の御読経あるに、仏など懸けたてまつり、僧どものゐたるこそ、さらなることなれ。二日ばかりありて、縁のもとに、あやしきものの声にて、「なほ、かの御仏供、おろしはべりなむ」といへば、「いかでか。まだきには」といふなるを、「なにのいふにかあらむ」とて、たち出でて見るに、なま老いたる女法師の、いみじう煤《すす》けたる衣を着て、猿様にていふなりけり。「かれは、何ごといふぞ」といへば、声ひきつくろひて、「仏の御弟子にさぶらへば、御仏供のおろしたべむと申すを、この御坊たちの惜しみたまふ」といふ。はなやぎ、みやびかなり。

中宮藤原定子の居住する職御曹司の西廂間で、昼夜連続で読経を行う法事「不断の御読経」が始まって二日ほどのことである。そこに年老いた女法師が登場する。酷く煤けた衣を着て猿のような格好である。「女法師」は、「仏の御弟子」と自称し、それを口実に、仏画へのお供えもののお下がりをねだるが、僧たちは、法事が終わっていないので無理だ、と断っている。

引用部に続く場面で、女房たちは、女法師に供物のかわりに菓子・昆布・餅などを与え、「夫やある」「子やある」「いづくにか住む」「歌は謡ふや」「舞ひなどはするか」と問いかけている。また、さらに後段では、別の「尼なる乞食《かたい》のいとあでやかなる」が登場している。一種の芸能民も含め、家族構成や居住形態を異にする種々の乞食が存在し、日常的に宮中に出入りしていたことが窺える。

職御曹司は、本来中宮職《ちゅうぐうしき》の庁舎で、天皇が居住する内裏の東北に位置し、一町の地を占めていた。天徳四年（九六〇）以後、内裏火災が頻発するようになるが、その際、天皇はここを仮の内裏とすることもあった。藤原定子は、長徳三年六月以後二年ほど職御曹司をほぼ定住の場所とした。

門を閉めない慣習

天皇の正妻である定子の居所に、乞食が侵入し、女房と交流を重ねているのは、意外に見えるかもしれない。しかし、現代の皇居や首相官邸とは異なり、古代の内裏や貴族邸宅は比較的開放的だった（京樂真帆子・二〇〇八）。

図25は、長岡京跡左京三条三坊一町で出土した「今日物忌　此所不有預人而他人輙不得出入（今日物忌　此所、預人有らずして、他人輙《たやす》く出入すること得ざれ）」と書かれた木簡の使用状況を復元したイラストである。縦一一・四チセン、横四・三チセン、厚さ〇・七チセンの告知札で、下端を刺して使用する。

この木簡が出土したのは一九九九年。当時、筆者は、発掘調査を行った向日市埋蔵文化財センターでアルバイトをしていて、解読作業を手伝った。センターには、芸術大学の学生が数人働いていて、出土遺物の実測や接合などにあたっていた。限られた仕事しかできなかった筆者と異なり、彼らは、遺物の複製や復元イラストの製作などもお手の物だった。向日市文化資料館で出土木簡の速報展をすることになり、センターで展示用に木簡を複製した。試しに砂山に刺してみると、現物を見た時の印象と異なり、ぐらつかずしっかりと立ったのに感心した記憶がある。

平安時代の古記録・故実書によれば、物忌が軽い場合は、図25のように、閉門せず、入口に縄を張り、物忌札で侵入しない旨を伝えるという作法がとられた。「預人（担当者）

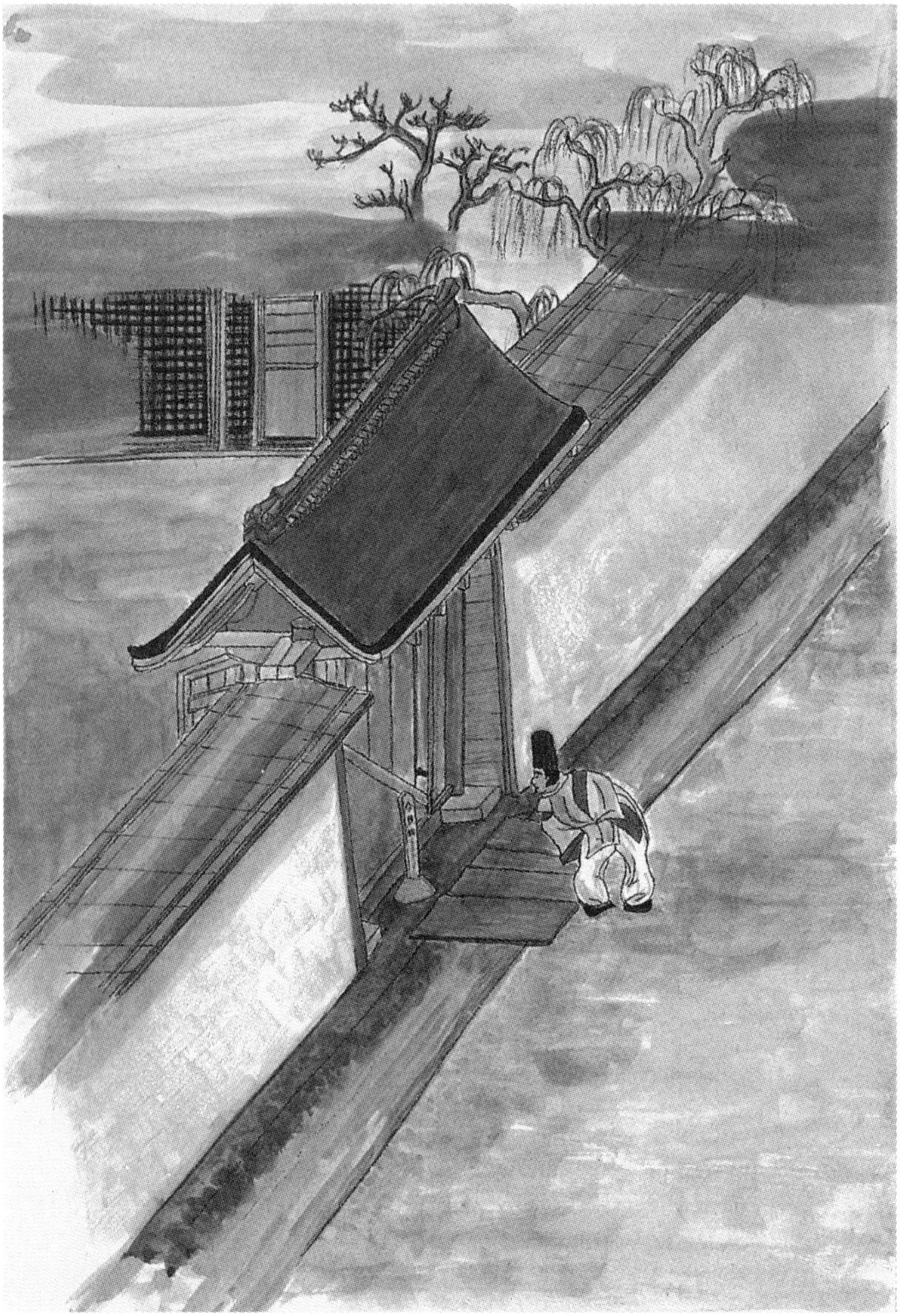

図25　物忌札使用状況想定図（向日市埋蔵文化財センター提供）

がいないから、他人は気安く出入りするな」と告知するぐらいなら門を閉めればよいのに、というのは現代人の感覚で、平安貴族の心性を理解したことにならない。ちなみに、近所で火事が起きた際には、火事場泥棒を防ぐため臨時に門を閉めるという慣習もあった。

清少納言は、質素で手狭な家に住み、従者に「門つよく鎖《さ》せ」などと命令する六位蔵人《ろくいのくろうど》を批判し、「いみじう生ひ先なう、心づきなし（将来性がなく、気にくわない）」と述べている（『枕草子』百七十段）。天皇の側近たる六位蔵人は、中下級貴族の青年にとって最上の名誉、鷹揚に構えていなければ出世は望めない、というのである。

『源氏物語』で、色好みの光源氏は、性懲りもなく夜這いを繰り返している。皇族・貴族などの居所の門が開いているのは、普通のことだったのである。

群集化した乞食

餅まきとトリバミ

筆者は、香川県高松市の高松港東部に昭和期に造成された埋め立て地で生まれ育った。全域が臨海工業地帯、筆者も含め住民の多くは社宅等のアパート住まいで、「歴史的風土」とはほど遠い環境だった。

ただ、近所に造船所があり、船舶新造の際の進水式という行事を楽しみにしていた記憶がある。命名された新船が海上に出ると、式に集まった地域住民に餅や菓子を投げる「餅まき（餅投げ）」が行われた。なぜ招かれたのかはよく分からないが、造船期間中、騒音を我慢したことへの謝礼かもしれない。

「餅まき（餅投げ）」の内、最もポピュラーなのは建物の上棟式で行われるもので、厄除けの神事である散餅の儀が発展的に広まったものと考えられている。上棟式や進水式などとは無関係に有名人を餅まき役に招いて、祝事やイベントの締めくくりとして行われることも少なくない。

先に『枕草子』八十二段の「女法師」が「御仏供のおろし」を要求する場面を見た。オロシモノは、仏事に限らず、さまざまな機会で日常的に行われた。たとえば、内裏では、日常天皇が箸をつけた食事は清涼殿殿上間《せいりょうでんじょうのま》で蔵人《くろうど》が飲食し、さらにその下物が内裏の食膳調達を担当する御厨子所《みずしどころ》の預《あずかり》・番衆《ばんしゅう》に下賜された。こうした慣行を通じて、従属・奉仕関係が身体的に確認されたのである。

宮廷社会の食物下賜には、「餅まき」のような形態をとるものもあった。左は『枕草子』百三十五段で、清涼殿の前庭で行われる石清水臨時祭庭座《いわしみずりんじさいにわざ》の儀の様子について記した場面である。

公卿・殿上人、かはりがはり盃執りて、終《は》てには、屋久貝といふものして飲みて起つすなはち、取《と》り喰《ば》みといふ者、男などのせむだにいとうたてあるを、御前には女ぞ出でて取りける。思ひがけず、「人あらむ」とも知らぬ火炬屋《ひたきや》より、にはかに出でて、「多く取らむ」と騒ぐ者は、なかなかうちこぼしあつかふほどに、軽らかにふと取りて去ぬる者には劣りて。かしこき納殿《おさめどの》には火炬屋をして取り入るるこそ、いとをかしけれ。

庭座の儀は、最後に列席の公卿・殿上人が屋久貝《やくがい》で酒を飲み干して終了する。終了後は、内蔵寮《くらりよう》・掃部寮《かもんりよう》・主殿寮《とのもりよう》などが、饌物《せんもつ》や座の撤去、掃除をする決まりである。

この場面では、片付け役が入る前に「取り喰みといふ者」が出現し、残肴を取り合う様子が描かれている。隠れていた火炬屋から出てきて多く取ろうと企んだ者は取りこぼしてしまい、手軽にひょっと出て取ってしまう者に負けてしまう。火炬屋を収納場所にして運び入れる者もいる。

「取り喰みといふ者」は、他の史料では、「取食」「執食」などとも表記される。文字通り、饗宴の終了後に饌物を取り拾い食べる者、またそれをさせることを意味する。「鳥食」の略で鳥の扮装をし鳴き声をまねる乞食芸を行う芸能民、と見る仮説もある（保立道久・一九九八）。トリバミの実施例は、正月の年中行事が多く、千秋万歳《せんずまんざい》などの芸能と連関する可能性はある。

記録類では、『小右記』万寿元年（一〇二四）正月二日条の東宮大饗《とうぐうだいきょう》に関する記事に「今夜禄を給う間、執啰狼藉《ろうぜき》す。」とあるのが初見である。『枕草子』百三十五段でみた石清水臨時祭試楽に関しては、『玉蘂《ぎょくずい》』嘉禎三年（一二三七）三月十九日条に「次に庭座を撤し、公卿等の饌羞、雑人にこれを下さる。狼藉尤も甚し。」とありトリバミが確認できる。現代の「餅まき」もそうだが、饌物を競って取り合うことから、しばしば喧嘩沙汰になったようである。

石清水臨時祭庭座の儀のトリバミは、諸司・諸宮の雑人で、女性も参加した。饗宴では、共同性を保持しながら、席次や食事の内容などによって参加者の身分の差異が表現される。彼らは、トリバミに扮した雑人が浅ましく残飯を奪い合う情景を見下ろし、優越感を伴って饗宴の共同性を改めて実感することになる。宮廷社会の階層的身分序列を可視的な形で現出した儀式といえる。

乞食のトリバミ

ただし、トリバミの参加者は、他の儀式では、宮内の雑人層だけではない。時代は下がるが、鎌倉時代初期の説話集『発心集《ほっしんしゅう》』の第一第五話「多武峰僧賀《とうのみねぞうが》上人、遁世往生の事」には、次のような記述がある。

ある時、内論義《うちろんぎ》と云ふ事ありけり。定まる事にて、論義すべきほどの終りぬれば、饗を庭に投げ捨つれば、諸の乞食、方々に集りて、あらそひ取つて食ふ習ひなるを、此の宰相禅師、俄《にわか》に大衆《だいしゅ》の中より走り出でて、此れを取つて食ふ。

文中の「宰相禅師」とは、平安時代中期の天台僧増賀（僧賀）（九一七〜一〇〇三）のことである。比叡山で良源に師事したが、後に多武峰に隠棲、名利を忌避して奇行をくりかえした。それが奇行譚として後世に伝えられた。

「内論義」は、毎年正月、内裏で行われる御斎会の最終日に結願の行事として行われるものである。右の記述では、その最後に、講師の高僧に供された「饗」を庭に投げ捨て「諸の乞食」が集まって食べるトリバミが慣習化していたこと、それに増賀が加わったことが述べられている。同話の『古事談』（鎌倉時代前期成立）巻三「増賀千夜通夜中堂事」では、「諸の乞食」の部分は、「乞食非人」とある。

あくまで説話だから、本話に描かれた増賀の行動をそのまま史実と認めることはできない。しかし、遅くとも『古事談』が成立した時代には、内裏で行われる重要な仏事でトリバミが行われ、それが乞食非人の所行と認識されていたことは確実である。

乞食によるトリバミに関しては、『今昔物語集』巻二十六第十七話「利仁将軍若カリシ時、京ヨリ敦賀《つるが》ニ五位ヲ将《い》テ行キタル語《こと》」にも注意すべき記述がある。

而《しか》ル間、其主《あるじ》ノ殿ニ、正月ニ大饗被行《おこなわれ》ケルニ、当初ハ大饗畢《はて》ヌレバ、取食ト云者ヲバ追テ不入《いれず》シテ、大饗ノ下《おろし》ヲバ、其殿ノ侍共ナン食ケル。

右は、「一の人」藤原基経《もとつね》の大饗の場面であるが、これによれば、九世紀末、正月の摂関家大饗では、大饗のお下がりは、屋敷内の侍などに供され、「取食」は邸宅外に放逐した、というのである。引用部の続きの場面では、基経家の侍が残肴の芋粥《いもがゆ》の美味に驚嘆し、「飽きるほど食べたい」と漏らす様子が描写される。芥川龍之介が短編小説「芋粥」の題材とした著名な説話である。

この場面の「取食」は、邸宅外に追い払って入れない、という記述から、基経邸に帰属する雑人などとは考えられない。邸宅の非構成員、『発心集』のいう「諸の乞食」のことだろう。

『今昔物語集』は院政期に完成するが、収録説話の下限は十一世紀後半期で、説話の展開は摂関期以前のあり方が強く残存している。したがって、乞食によるトリバミも、十世紀後期まで遡源する可能性が高い。

鎌倉時代前期成立の説話集『閑居友《かんきょのとも》』上巻七話には、市辺の乞食を生計手段とする「清水の橋の下に、薦《こも》にてあやしの家居せる者」が、「時の大臣なる人」の主催する法会で高座に登り説法をするくだりがある。参集者は、突然の乞食の登場を、「さようの乞食、かたは人などは、かやうの所には見へ来る事なればにこそ」と、冷静に受けとめている。この描写は、中世京都における「乞食」「かたは人」（障害者）などの生活形態を反映したものである。宮中や貴族私邸の法事において、乞食の出現・群集化は、十世紀段階で日常化していたのである。

『一遍上人絵伝』と施行

平安時代後期以後、乞食は、非人とも観念されるようになる。彼らに対する意識は、どのように変化したのか、『一遍上人絵伝』を素材に考えてみたい。

『一遍上人絵伝』は、時宗の開祖一遍の伝記絵巻のことで、多くの遺品が伝存する。一般に詞書によって聖戒《しょうかい》編の『一遍聖絵』と宗俊編の『遊行上人縁起絵』（『一遍上人縁起』、

『一遍上人絵詞伝』）の二系統に大別される。

『遊行上人縁起絵』（光明寺本）巻三十第一段には、弘安六年（一二八三）、尾張国甚目寺《じもくじ》で一遍が七日間の行法を行った際の甚目寺境内の様子を描いた箇所がある。図27は場面全体の構図を模式化したもの、図26はこの画面の左側の部分の写真である（黒田日出男・一九八六）。

図26では切れているが、画面右、堂上には、近所の萱津宿《かやつ》の富豪から供養（食事の接待）を受ける一遍と時衆《じしゅう》集団が描かれている。堂上は、毘沙門天と供養を受ける一遍一行の空間、つまり聖なる空間である。反対の左側、境内地には、施行を受けている三つの輪が出来ている。一番左の輪に集まっているのは、「癩者《らいしゃ》」と呼ばれる人々である。

癩は、癩菌によっておこる慢性の感染症である。一般に癩とハンセン病は同一視されることが多いが、日本の前近代史料に見える「癩」は、ハンセン病以外の同様の症状をもつ皮膚病を含んでいるという可能性がある。ハンセン病は慢性の感染症だが、治療法が確立した現代では完治する病気である。日本では、一九九六年（平成八）の「らい予防法」の廃止まで隔離政策が続いたこともあり、ハンセン病患者に対する偏見・差別が現在も根強

図26　尾張甚目寺での施行（光明寺本『遊行上人絵伝』より，光明寺所蔵，奈良国立博物館提供）

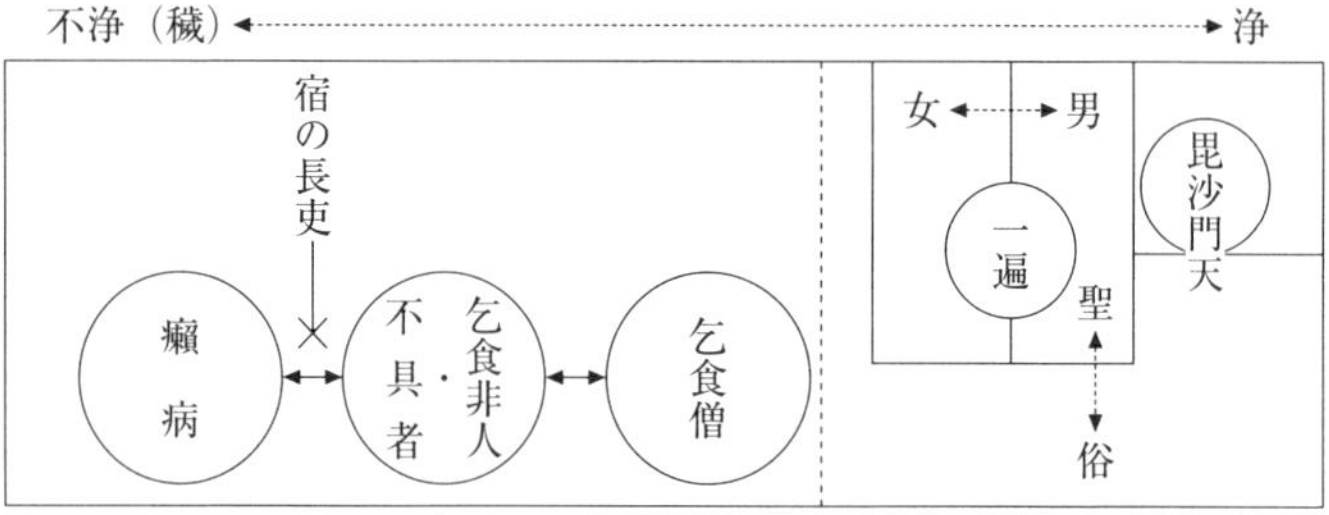

図27　甚目寺の場面の構図（黒田日出男・1986）

（癩者の輪）

く残っている。

『法華経』普賢菩薩勧発品には、法華経に対し軽侮《けいぶ》・過悪《かあく》をなす者に対する悪報として、失明などの種々の重病と共に「白癩《びやくらい》」が挙げられている。律令制期の史料では、『令集解《りようのしゆうげ》』戸令《こりよう》盲目条に、癩者との同床や同親者以外の看護を禁止する見解が見える。伝染を理由に癩を忌避する習慣は、古代から存在した可能性が高い。ただし古代には、癩者と他の身障者・重病者の間に顕著な差別意識の差異は確認できない。ところが、中世、特に鎌倉時代後期以降になると、悪行の報いとしての業病とする認識が普及する。

一九九七年公開の宮崎駿監督のアニメーション映画『もののけ姫』には、癩者をモデルとした人々が登場するシーンがある。映画の舞台は戦国時代の列島社会、主人公は、エミシ（蝦夷）の村から追放された少年アシタカである。アシタカは、西に旅立ち、「タタラ場」を経営するエボシ御前と遭遇する。彼女は、「もののけ」と戦いながら、森林を切り開き、事業を拡大するが、不遇な女性にタタラ踏みの仕事を与え、癩者と思しき重病人を石火矢《いしびや》という武器を製造する秘密の小屋に匿っている。

エボシ御前は、主人公のアシタカやヒロインのサン（もののけ姫）と敵対する立場である。しかし、タブーを恐れない人格ゆえ、中世社会の差別意識とも無縁であった。映画には、全身を包帯で巻かれた人物が「行くあてのない私たちをエボシ様だけが受け入れてくれた」「その人はわしらを人として扱ってくださったたった一人の人だ。わしらの病を恐れず、わしの腐った肉を洗い、布を巻いてくれた」と語る印象深いシーンがある。

『もののけ姫』は、一九八〇年代・九〇年代の日本中世史研究、特に網野善彦の社会史研究をベースにしている。東日本と西日本の文化的差異への着眼も、網野の視座を前提とする。アシタカの村で亀ヶ岡式土器《かめがおかしきどき》（縄文時代晩期の東北、南北海道地方の土器）が使用されているなど細部にこだわりがある。その他、建築物や登場人物の服装、風俗なども絵画資料等に取材したと推測されるものが多い。

救済と差別

図26・27に戻ろう。先に述べたように画面右、堂上には、供養を受ける一遍と時衆集団が描かれている。一遍や、諸僧には、椀・皿に食事が盛り付けられて提供されている。食事の内容は、飯・汁・おかずだが詳細は分からない。堂下では、施主たる萱津の人々が一遍一行の食事を準備している。そこに多種・多様な食材が次々に運び込まれている。

一方、画面左には三つの輪があるが、彼らに提供されている食事は同じで飯と汁のみである。図27に示しているように右端は法体をまとっている乞食僧尼の輪、真ん中は非人の輪と考えられる。非人には裸の者、腰の曲がった不具の者も確認できる。左端には「癩者」が輪をなし一部は「癩者」を象徴する覆面をまとっている。つまり、この場面では、左の方ほど強く不浄視され、差別される人々が配置されていることになる。

萱津の富豪にとって、一遍一行に対する食事の提供は、宗教的上位者に対して結縁《けちえん》を求める行為である。それに対し、乞食僧尼・非人・癩者に対する施行は、宿業《しゆくごう》を背負った者として彼らを卑賤視する認識を前提とする一種の宗教的贖罪である。

絵画資料には、目に見えない人間の意識・感覚が可視的に表現される。それが面白く、また怖いところである。図26で、絵師は、乞食僧尼・非人・癩者の姿を、服装だけではなく表情や行儀まで粗野に描いている。同じ画面に描かれた一遍一行の柔和で整然としたそれとは対照的である。

おそらく、絵師は、救済者としての一遍を引き立てるため、施行を受ける非人や癩者を、肉体・精神の両面で卑しいものとして描いたのである。その心性は、重源の有徳を表現するために「乞丐非人」を持ち出した「重源狭山池改修碑」（一二二頁）の碑文作者のそれと共通する。

中世社会において被差別民は、乞食を行い、施行を受けることで生存が確保された。一遍らの救済活動は、彼らの生存を助けるものであったが、必ずしも差別からの解放にはつながらなかった。被差別民にとって、施行を受けることは、卑賤視を受け入れることでもあった。これは、宗教ではなく社会の限界である。二十一世紀に生きる我々は、弱者を見下ろし優越感に溺れる愚かさを克服できているだろうか。

古代社会と食生活——エピローグ

渋沢敬三とアチック・ミューゼアム

神奈川大学に日本常民文化研究所という研究機関がある。一九二一年（大正十）に、渋沢敬三《しぶさわけいぞう》（一八九六〜一九六三）が自宅に創設したアチック・ミューゼアムを前身とし、その後、財団法人時代を経て一九八二年（昭和五十七）に神奈川大学に移管された。日本常民社会の多様な領域を対象とし、現地調査を踏まえた研究を進めている。

創設者渋沢敬三は、第一国立銀行などの設立・経営に関わった「日本資本主義の父」渋沢栄一《えいいち》の孫である。彼は、父篤二が廃嫡されたため、東京高等師範学校附属中学校（現・

筑波大学附属中学校・高等学校）卒業時に、渋沢同族株式会社社長に就任する。

中学生の頃、彼は動物学者を志していたが、祖父栄一の懇願により諦め、第二高等学校英法科から東京帝国大学経済学部に進学する。東大卒業後は、横浜正金銀行へ入行。第一銀行を経て第二次世界大戦終了前後に日本銀行総裁、大蔵大臣を務め、混乱期の日本経済において重責を担った。一九四六年に公職追放となるが、一九五一年に追放解除となった。その後、国際電信電話初代社長、文化放送会長などを歴任、政府の各種審議会委員を務めるなど政財界で活躍した。


渋沢は、民俗学や漁業史を研究し、学術団体を支援するなど、文化活動にも注力した。『延喜式』巻二十三主計寮《しゆけいりよう》式には、調・庸・中男作物《ちゆうなんさくもつ》などの税目で諸国から京に貢進《こうしん》される物品のリストを国別にまとめた式文が掲載されている。彼はこれを分析し、「式内魚名」（一九四〇年）、「式内水産物需給試考」（一九四一・四二年）、「『延喜式』内水産神饌に関する考察若干」（一九四九年）といった学術論文を執筆した。

渋沢は一九六三年に亡くなったが、ほぼ時を同じくして、平城宮跡大膳職推定地、内裏北外郭官衙跡から大量の木簡が出土した。食材の請求に関する文書木簡などもあるが、多くは贄《にえ》・調といった貢納物に付された荷札木簡で鰒《あわび》・堅魚《かつお》など水産物に関わるものが含まれていた。彼の漁業史研究は黎明期の日本木簡学において重要な役割を果たした。

渋沢は、生前「延喜式博物館」を創設する構想をもっていた。全国から朝廷に献上される物品、加工技術、物品運搬のための交通網はどのようなものだったのか、衣食住から農業、工芸、医薬、交易、経済状況、法制度まで、『延喜式』に記された「モノ」「コト」を追究すれば背景の古代社会が見えてくる、渋沢はそのように考えた。

アチック・ミューゼアム、日本常民文化研究所は、民俗学分野で、岡正雄、宮本常一、

図28　平城宮大膳職推定地出土木簡（奈良文化財研究所提供）

歴史学分野で、福田アジオ、網野善彦といった錚錚たる研究者を輩出した。渋沢は彼らに支援を惜しまず、彼らもそれこたえ精力的に調査・研究を推進した。また、その成果を、さまざまな形で社会に発信した。一〇一頁で取り上げた『絵巻物による日本常民生活絵引』も、「字引とやや似かよった意味で、絵引が作れぬものか」という渋沢の発案を彼らが形にしたものである。

網野善彦の百姓観

特に網野善彦（一九二八〜二〇〇四）は、荘園制研究や「非農業民」研究において膨大な著作を執筆し、日本中世史研究に大きな影響を与えた。

網野の著作には、研究所の古文書調査に基づくものが少なくない。たとえば、能登時国《ときくに》家《け》文書に関する調査では、当地の百姓が海運業など稲作以外の手段によって富をなしたことを解明した。網野は、さまざまな手法を駆使して、「非農業民」に関する膨大な成果をあげ、農耕民が主役の均質な国家として「日本」を捉える見方を批判した（網野善彦・二〇〇〇）。

網野の仕事の影響は、先に映画『もののけ姫』で紹介したように、学界の枠を飛び越え、大きな広がりをもった。彼の死後、日本史分野では、こうした研究者は現れていない。網野の業績には、食生活史に関するものも多い。佐原眞など多くの研究者は、弥生時代以来、民衆の主食は米で、十四・十五世紀以後、米と雑穀（麦を含む）に変化したと推定している（佐原眞・一九九六）。これに対して網野は、記紀や正倉院文書などは必ずしも百姓の生活実態を反映していない、として、口分田《くぶんでん》の収穫高に関する瀧川政次郎の研究などを援用し、古代米主食論を批判している（網野善彦・石井進・二〇〇〇）。

筆者は、身分制など古代・中世の社会経済史分野を研究する過程で、網野の仕事に多くを学び、大きな影響を受けた。しかしながら、食生活史に関する部分に関していえば、網野の議論には、問題点が少なくないと考えている。

古代ヤマト朝廷は、中央貴族・地方豪族に、朝廷内の地位・職掌に応じて、氏（ウヂ）の名と姓（カバネ）を賜与した。氏名には、地名の他、たとえば「忌部《いんべ》」や「土師《はじ》」など朝廷内の職掌を反映するものが多い。「百姓」は、本源的には、さまざまな氏姓をもつ公民を意味する語で、転じて、被支配階級の一般人民を指す語として使用されるようになった。

百姓の実態は多様である。本文で述べたように、軍事製品や高度手工業製品の製造等は、品部《しなべ》・雑戸《ざつこ》という特殊身分が担った。一般の公民でも、成人男性の多くは、衛士《えじ》や仕丁《しちよう》などの力役に徴発され、郷里を長期間離れた。成人男子に人別に賦課される調庸の物品、特に布・糸などは、実際には郡司が執務する郡家の周辺などで女性の共同作業により製造される場合が多かった。本文で述べたように、女性は、酒の醸造などにおいても中心的役割を果たした。

しかし、こうした事実は、網野が批判する多くの研究者も認識していたことである。古代・中世の山野河海は、「非農業民」の独占空間ではなく、農業を基本的生業とする村人が多様な生産活動を展開する場でもあった（大山喬平・二〇一二）。網野は、能登時国家のような「非農業民」の存在を強調するが、彼らが富裕であることは、むしろ海運業などを生業とする百姓の希少価値を示す事象と評価する方が適切だろう。

本文で見たように、正倉院文書や木簡には、飯の支給量など、米の消費状況を直接的に示す情報が無数に存在する。これらから導かれる結論は、「身分の低い者ほど、食事における米の比重が大きい」という簡明なものである。身分が高い者は、黒米（玄米）ではなく白米を食べ、多数の副食物（おかず）を食する。

網野は、贄の荷札が都城遺跡で多数出土したことを自説を裏付けるものとして評価する。しかしこれらは、本質的に神・天皇に対する貢物である。天皇に供される贄を食材とする種々の御膳は、列島支配の正統性を表現するものだった（佐藤全敏・二〇〇八）。御膳のおこぼれを頂けるのは、宮廷社会の限られた人々に過ぎない。

古代の京には、天皇・貴族から一般住民の京戸《きょうこ》、一時的に京に居住する衛士・仕丁、乞食まで、多様な人々が居住する。「瑞穂《みずほ》の国」の君主は、日常的に多種・多様な副食を食べる立場で、百姓と比べむしろ米を食べていなかった可能性が高い。

ただし、古代の場合、古文書・木簡といった一次史料は、京・近郊地域、官司や寺社、院宮王臣家などに関するものに偏っている。したがって、現段階では、たとえば、「百姓が自宅でどのような食事をとっていたのか、官司や寺社で勤務した際の食事と同じだったのか」などという問いに答えるのは簡単ではない。しかしながら、追究の手がかりが存在しないわけではない。

古代食生活史研究の未来

プロローグで、筆者は、「衣」「住」と異なり、「食」の歴史に関する研究は、「食物は食べるとなくなる」という弱点がある、と述べた。近年、考古学分野では、人骨研究、トイレ考古学など、そうした弱点を克服する研究が進展している。たとえば、秋田城跡の発掘調査ではトイレ遺構が発見され（図29）、土壌に残された寄生虫卵の分析から、豚を常食とする大陸からの外来者が使用したと推測されている。トイレ遺構の検出例は、他にも藤原京跡（図30）・平城京跡などを中心に増加し、比較研究も推進されている（黒崎直・二〇〇二〇）。

二〇〇〇年（平成十二）、石川県津幡《つばた》町加茂《かも》遺跡《いせき》の発掘調査では、嘉祥年間（八四八〜八五一）の文書木簡「加賀郡牓示札《ぼうじふだ》」が出土した（図31）。加賀郡の郡司が郡内有力者に出した命令書で、その用途は、禁令などを交通の要衝に掲示し、朝廷の命令を広く伝達するもので、いわば古代の「お触書」である。田夫《でんぷ》が好きなように魚酒を飲食することや、百姓が村内で酒に酔い秩序を乱すことを禁じるなど、本論で触れた魚酒禁制に関する内容が含まれる。こうした木簡は今後も出土する可能性がある。

渋沢敬三は、類い稀な好奇心とバイタリティーで、多くの後継者を育成し、列島社会の民俗文化を古代に遡源して復元する夢を追い続けた。「延喜式博物館」を建てられなくて

図29　秋田城跡トイレ遺構（復元，秋田市立秋田城跡歴史資料館提供）

図30　藤原京跡トイレ遺構などの堆積土から発見された鞭虫卵
（顕微鏡写真，奈良文化財研究所提供）

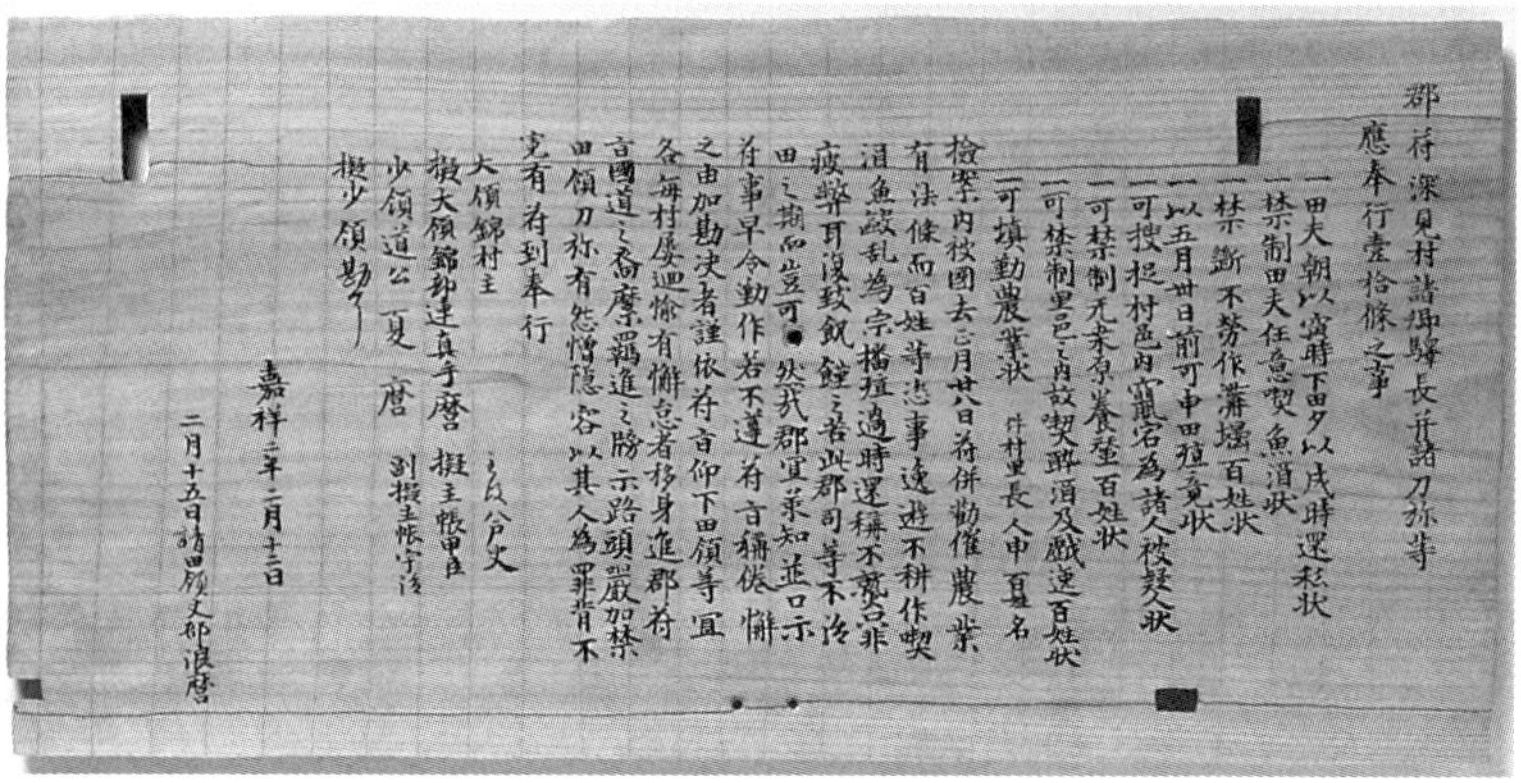

図31　石川県加茂遺跡出土「加賀郡牓示札」（復元，国立歴史民俗博物館所蔵）

も、彼の夢を別の形で叶えることは可能である。たとえば、奈良女子大学では、大学院生の自主的な提案により、『延喜式』・『枕草子』など平安時代の文献に頻出する甘葛煎《あまづらせん》という甘味料をつくり（図32）、唐菓子などの古代スイーツを復元する試みを行っている（山辺規子・二〇一八）。福岡市博物館は、鴻臚館《こうろかん》跡で、奈良女子大学の実践を踏まえたワークショップ「幻のシロップをつくろう　あまづらブンブン」を、開催している。料理と実食を盛り込んだイベントは、滋賀県立琵琶湖博物館でも、鮒《ふな》ずしを素材に実施され、学術的な成果につながっている（橋本道範・二〇一六）。

博物館の展示は、視覚、聴覚、触覚、味覚、

樹液採取

口で吹き出す

ツタから出る樹液

樹液を煮詰める

完成品

図32　甘葛煎の再現実験（2016年，奈良女子大学甘葛煎再現プロジェクト提供）

嗅覚の五感の内、第一に視覚、次に聴覚に訴えるものが多い。味覚を働かせずに食物の価値を判断するのは難しい。しかし、食べてしまえば食物は失われる。紹介した試みは、この矛盾の克服を目指すものである。「食べたらどんな味がするのだろう」という思いは、展示を見る側も見せる側も同じで、好奇心を形にしようとする試行錯誤が知の世界を押し広げる。

古代史研究は、「古代へのロマン」に溺れる「役に立たない」研究分野とされることもある。しかし、「古代の人々は、何を食べ、どのように働き、暮らしてきたのか」という素朴な問いの答えを求めることは、懐古趣味や、現実逃避ではない。

ヒトは、文化の創造と継承の繰り返しの中で成長してきた動物で、歴史を追究する欲求は、その本質に根ざしている（朝尾直弘・一九九五）。我々が求め得るのは、毎日の出来事のわずかな残骸に過ぎない。しかし、列島の古層には、多くの残骸が人知れず散らばっている。それらを拾い上げ、接合して、「歴史の事実」を根源的・通時代的に復元し、未来に伝えたい、それが古代史研究者の願望である。

現在、古代史に関する史料のほとんどは翻刻され、注釈や現代語訳がなされているものも少なくない。最近多くの大学で和食文化や食マネジメントといった食生活に関わる学部・学科が新設され、文理融合型の研究も進展しつつある（三舟隆之・二〇一九）。豊かな可能性を持つ古代食生活史の世界に多くの人々が足を踏み入れてくれることを願っている。

本書で復元できた「歴史の事実」はささやかなものに過ぎない。筆者自身も探究を続けていこうと思う。

あとがき

本書の執筆依頼を頂いたのは、二〇〇六年一月、平川南・栄原永遠男・山中章・沖森卓也編『文字と古代日本4　神仏と文字』（吉川弘文館、二〇〇五年）に「食器の管理と饗応」という二〇頁の短篇を書いた直後のことである。当時筆者は、学位は取得していたものの、任期付きのポスドク職と非常勤講師で食いつないでいる状態だった。書いたものが認められたことが嬉しく、勇気づけられた。ただ恩師から、学位論文を早く著書にまとめるよう奨められていた。そちらを優先、ということでしばらく執筆を待ってもらった。

二〇一〇年一月、著書は塙書房から『日本古代社会編成の研究』として出版され、その直後に就職が決まった。スーパーで買った少し高価なバナナの甘さを噛みしめ、「就職できてよかった」としみじみと感じた記憶がある。

食生活史には昔から興味があった。ただ、筆者と食生活史との関係は、古代社会を実態的に追究する手段として、食生活やそれに関連する史資料を考察する、というものだった。就職後、食生活史自体を意識して論文を書き、時々、授業のネタにしながら準備をすすめた。しかし、牛歩の歩みで今日にいたった。結局、吉川弘文館には、一四年にわたり督促いただく仕儀となった。

歴史の研究は、料理に似ている。素材となる史資料を集め、精選し、下ごしらえをする。調理器具や食器の準備も必要である。調理にとりかかった後も、調味料に苦心し、鍋蓋を開けたり閉じたりしながら、味見を重ねる。食器に盛り付け、食膳に供するまでの道のりは千差万別で、同じことの繰り返しはない。

既存の食生活史に関する出版物は、よくいえば博物学的、悪くいえば情報羅列的なものが多い。本書の執筆にあたり筆者は、素材の持ち味を生かすこと、一つの料理として全体にまとまりを持たせることを心がけた。ただ、一般読者向けの単著を出すのは初めての経験である。料理人の一人よがりではなく、「一期一会」の精神に叶ったものになっていればよいのだが、正直あまり自信がない。

小学生の時だったと思うが、石毛直道さんが書いた「アイスクリーム」という随筆を教科書で読んだ記憶がある。幕末の遣米使節団の西洋食体験をネタにしたもので、石毛直道・大塚滋・篠田統『食物誌』（中央公論社、一九七五年）に載っている。『あれも食いたいこれも食いたい』など東海林さだおさんのエッセイも十代からの愛読書である。石毛さんは文化人類学者、東海林さんは作家で毛色は異なる。けれども作品の臨場感、リアリティーは共通していて、歴史好きを引きつける魅力があった。

二〇一三年に亡くなられた考古学者の森浩一さんは、日々の食事を日記風に記録し、それをもとにした随想を数冊の本にまとめている。学識もそうだが、森さんの食生活は、本一冊に収まらないほど豊かでバラエティに富んでいる。それにひき換え、筆者の日々の食事には、うどんの摂取が多めということ以外に人に語れるような特徴などない。『古代の食生活』という書題から、グルメ本・レシピ本的な内容を期待された皆さんには、拍子抜けだったかもしれない。

ただ本書の執筆は、歴史学の研究・教育を生業とする職業人として、「広く、長く読み継がれるものを書きたい」、「見てきたように生き生きと歴史を描きたい」という思いを新たにする機会になった。こうした気持ちは、「美味しい」「ごちそうさま」という言葉を励みに厨房に立ち続ける料理人のそれと多分同じだと思う。一つ一つの出会いを大切にして、いつか「おかわり」をしてもらえるような仕事ができるよう精進したい。

二〇二〇年八月

吉野秋二

参考文献

相曽貴志「百度食と熟食」（『延喜式研究』二三、二〇〇七年）
朝尾直弘「現代に生きる人々にとっての鏡」（『歴史学がわかる。』朝日新聞社アエラ発行室、一九九五年）
網野善彦『古典講読シリーズ　職人歌合』（岩波書店、一九九二年）
網野善彦『「日本」とは何か』（講談社、二〇〇〇年）
網野善彦・石井進『米・百姓・天皇』（大和書房、二〇〇〇年）
家原圭太「平安京の邸宅分布と園池」（『古代文化』六八―三、二〇一六年）
石川県埋蔵文化財センター『発見！古代のお触れ書き　石川県加茂遺跡出土加賀郡牓示札』（大修館書店、二〇〇一年）
石母田正「『宇津保物語』についての覚書」（『石母田正著作集』一一、岩波書店、一九九〇年、初出一九四三年）
市川秀之『歴史のなかの狭山池―最古の溜池と地域社会』（清文堂出版、二〇〇九年）
稲岡耕二『山上憶良』（吉川弘文館、二〇一〇年）
井伏鱒二『黒い雨』（新潮社、一九六六年）
彌永貞三『日本古代社会経済史研究』（岩波書店、一九八〇年）

大津市『新修大津市史　第一巻古代』（一九七八年）
大豆生田稔『お米と食の近代史』（吉川弘文館、二〇〇七年）
大山喬平『日本中世のムラと神々』（岩波書店、二〇一二年）
小倉豊文『「雨ニモマケズ手帳」新考』（東京創元社、一九七八年）
小野晃嗣『日本産業発達史の研究』（法政大学出版局、一九八一年）
橿原考古学研究所附属博物館『特別展図録第八〇冊　平成二五年度秋季特別展　美酒発掘』（二〇一三年）
勝浦令子『女の信心—妻が出家した時代』（平凡社、一九九五年）
金子裕之『平城京の精神生活』（角川書店、一九九七年）
菊池英夫「山上憶良と敦煌遺書」（『国文学　解釈と教材の研究』二八—七、一九八三年）
木村茂光「日本古代の粥と粥食」（木村茂光編『雑穀　Ⅱ』青木書店、二〇〇六年）
木村泰彦「甕据え付け穴を持つ建物について」（森郁夫先生還暦記念論文集刊行会編『瓦衣千年　森郁夫先生還暦記念論文集』一九九九年）
京都市埋蔵文化財研究所編『平安京左京六条三坊五町跡』（二〇〇五年）
京樂真帆子『平安京都市社会史の研究』（塙書房、二〇〇八年）
櫛木謙周「平安時代京都における力役」（『ヒストリア』一〇八、一九八五年）
櫛木謙周『日本古代労働力編成の研究』（塙書房、一九九六年）
櫛木謙周「首都における手工業の展開」（『官営工房研究会会報』五、一九九七年）

久保田淳「酒の歌、酒席の歌」（『久保田淳著作選集第三巻』岩波書店、二〇〇四年、初出一九九七年）
久米舞子「平安京の地域社会に生きる都市民」（西山良平・鈴木久男・藤田勝也編著『平安京の地域形成』京都大学学術出版会、二〇一六年）
倉沢文夫『米とその加工』（建帛社、一九八二年）
倉林正次『饗宴の研究』儀礼編・文学編・祭祀編・歳事・索引編（桜楓社、一九六五～一九九二年）
黒崎直『水洗トイレは古代にもあった　トイレ考古学入門　新装版』（吉川弘文館、二〇二〇年）
黒田日出男『境界の中世　象徴の中世』（東京大学出版会、一九八六年）
古閑正浩「平安京南郊の交通網と路辺」（『日本史研究』五五一、二〇〇八年）
近藤好和『朝廷儀礼の文化史―節会を中心として』（臨川書店、二〇一七年）
坂井秀弥『古代地域社会の考古学』（同成社、二〇〇八年）
酒井伸雄『日本人のひるめし（読みなおす日本史）』（吉川弘文館、二〇一九年）
栄原永遠男『奈良時代流通経済史の研究』（塙書房、一九九二年）
桜井英治『贈与の歴史学』（中公新書、二〇一一年）
佐藤全敏『平安時代の天皇と官僚制』（東京大学出版会、二〇〇八年）
佐原眞『食の考古学』（東京大学出版会、一九九六年）
滋賀秀三『中国法制史論集―法典と刑罰』（創文社、二〇〇三年）
渋沢敬三・神奈川大学日本常民文化研究所編『新版　絵巻物による日本常民生活絵引』（平凡社、一九八四年）

下向井龍彦『物語の舞台を歩く　純友追討記』（山川出版社、二〇一一年）
関口裕子『日本古代婚姻史の研究』（塙書房、一九九三年）
関根真隆『奈良朝食生活の研究』（吉川弘文館、一九六九年）
武井紀子「日本倉庫令復原研究の現在」（『弘前大学国史研究』一三八、二〇一五年）
竹内亮『日本古代の寺院と社会』（塙書房、二〇一六年）
舘野和己「長屋王家の交易活動」（『奈良古代史論集』三、一九九七年）
鶴田静『ベジタリアン宮沢賢治』（晶文社、一九九九年）
寺崎保広『長屋王』（吉川弘文館、一九九九年）
戸田芳実『日本領主制成立史の研究』（岩波書店、一九六七年）
戸田芳実『日本中世の民衆と領主』（校倉書房、一九九四年）
丹生谷哲一『検非違使』（平凡社、一九八六年）
橋本道範編著『再考ふなずしの歴史』（サンライズ出版、二〇一六年）
日野開三郎『唐代邸店の研究』（九州大学文学部東洋史研究室刊、一九六八年）
古尾谷知浩『文献史料・物質資料と古代史研究』（塙書房、二〇一〇年）
保立道久『物語の中世』（東京大学出版会、一九九八年）
丸山裕美子『日本古代の医療制度』（名著刊行会、一九九八年）
三舟隆之「古代食研究の現状と課題」（『日本歴史』八五八、二〇一九年）
村井康彦『古代国家解体過程の研究』（岩波書店、一九六五年）

目崎徳衛『紀貫之（人物叢書新装版）』（吉川弘文館、一九八五年）
山口英男「正倉院文書から見た「間食」の意味について」（『正倉院文書研究』一三、二〇一三年）
山下信一郎『日本古代の国家と給与制』（吉川弘文館、二〇一二年）
山田邦和『京都都市史の研究』（吉川弘文館、二〇〇九年）
山辺規子編著『甘葛煎再現プロジェクト』（かもがわ出版、二〇一八年）
山本英二『慶安の触書は出されたか（日本史リブレット）』（山川出版社、二〇〇二年）
義江明子『日本古代の祭祀と女性』（吉川弘文館、一九九六年）
吉川真司「古代寺院の食堂」（栄原永遠男・西山良平・吉川真司編『律令国家史論集』塙書房、二〇一〇年）
吉田孝『律令国家と古代の社会』（岩波書店、一九八三年）
吉野秋二『日本古代社会編成の研究』（塙書房、二〇一〇年）
吉野秋二「三春高基邸の「店」」（舘野和己編『日本古代のみやこを探る』勉誠出版、二〇一五年）
吉野秋二「古代の労働力編成と酒」（高橋照彦・中久保辰夫・上田直弥編『古代日本とその周辺地域における手工業生産の基礎研究　改訂増補編』大阪大学大学院文学研究科考古学研究室、二〇一七年）
渡辺晃宏「平城京の構造」（田辺征夫・佐藤信編『古代の都2　平城京の時代』吉川弘文館、二〇一〇年）
渡辺直彦『日本古代官位制度の基礎的研究　増訂版』（吉川弘文館、一九七八年）

著者紹介

一九六七年、香川県に生まれる
一九九一年、京都大学文学部史学科卒業
一九九八年、京都大学大学院文学研究科博士後期課程単位取得退学
現在、京都産業大学文化学部京都文化学科教授

〔主要著書・論文〕
『日本古代社会編成の研究』（塙書房、二〇一〇年）
「神泉苑の誕生」（『史林』八八—六、二〇〇五年）
「日本古代の国制と戦争」（『日本史研究』六五四、二〇一七年）

歴史文化ライブラリー
507

古代の食生活
食べる・働く・暮らす

二〇二〇年（令和二）九月一日　第一刷発行

著　者　吉《よし》野《の》秋《しゅう》二《じ》
発行者　吉川道郎
発行所　株式会社 吉川弘文館
東京都文京区本郷七丁目二番八号
郵便番号一一三—〇〇三三
電話〇三—三八一三—九一五一〈代表〉
振替口座〇〇一〇〇—五—二四四
http://www.yoshikawa-k.co.jp/
印刷＝株式会社 平文社
製本＝ナショナル製本協同組合
装幀＝清水良洋・高橋奈々

ISBN978-4-642-05907-7

歴史文化ライブラリー

1996.10

刊行のことば

現今の日本および国際社会は、さまざまな面で大変動の時代を迎えておりますが、近づきつつある二十一世紀は人類史の到達点として、物質的な繁栄のみならず文化や自然・社会環境を謳歌できる平和な社会でなければなりません。しかしながら高度成長・技術革新にともなう急激な変貌は「自己本位な刹那主義」の風潮を生みだし、先人が築いてきた歴史や文化に学ぶ余裕もなく、いまだ明るい人類の将来が展望できていないようにも見えます。このような状況を踏まえ、よりよい二十一世紀社会を築くために、人類誕生から現在に至る「人類の遺産・教訓」としてのあらゆる分野の歴史と文化を「歴史文化ライブラリー」として刊行することといたしました。

小社は、安政四年（一八五七）の創業以来、一貫して歴史学を中心とした専門出版社として書籍を刊行しつづけてまいりました。その経験を生かし、学問成果にもとづいた本叢書を刊行し社会的要請に応えて行きたいと考えております。

現代は、マスメディアが発達した高度情報化社会といわれますが、私どもはあくまでも活字を主体とした出版こそ、ものの本質を考える基礎と信じ、本叢書をとおして社会に訴えてまいりたいと思います。これから生まれでる一冊一冊が、それぞれの読者を知的冒険の旅へと誘い、希望に満ちた人類の未来を構築する糧となれば幸いです。

吉川弘文館

歴史文化ライブラリー

古代史

- 邪馬台国の滅亡 大和王権の征服戦争――若井敏明
- 日本語の誕生 古代の文字と表記――沖森卓也
- 日本国号の歴史――小林敏男
- 日本神話を語ろう イザナキ・イザナミの物語――中村修也
- 六国史以前 日本書紀への道のり――関根 淳
- 東アジアの日本書紀 歴史書の誕生――遠藤慶太
- 〈聖徳太子〉の誕生――大山誠一
- 倭国と渡来人 交錯する「内」と「外」――田中史生
- 大和の豪族と渡来人 葛城・蘇我氏と大伴・物部氏――加藤謙吉
- 白村江の真実 新羅王・金春秋の策略――中村修也
- よみがえる古代山城 国際戦争と防衛ライン――向井一雄
- よみがえる古代の港 古地形を復元する――石村 智
- 古代豪族と武士の誕生――森 公章
- 飛鳥の宮と藤原京 よみがえる古代王宮――林部 均
- 出雲国誕生――大橋泰夫
- 古代出雲――前田晴人
- 古代の皇位継承 天武系皇統は実在したか――遠山美都男
- 古代天皇家の婚姻戦略――荒木敏夫
- 壬申の乱を読み解く――早川万年
- 戸籍が語る古代の家族――今津勝紀
- 万葉集と古代史――直木孝次郎
- 地方官人たちの古代史 律令国家を支えた人びと――中村順昭
- 古代の都はどうつくられたか 中国・日本・朝鮮・渤海――吉田 歓
- 平城京に暮らす 天平びとの泣き笑い――馬場 基
- 平城京の住宅事情 貴族はどこに住んだのか――近江俊秀
- すべての道は平城京へ 古代国家の〈支配の道〉――市 大樹
- 都はなぜ移るのか 遷都の古代史――仁藤敦史
- 聖武天皇が造った都 難波宮・恭仁宮・紫香楽宮――小笠原好彦
- 天皇側近たちの奈良時代――十川陽一
- 藤原仲麻呂と道鏡 ゆらぐ奈良朝の政治体制――鷺森浩幸
- 悲運の遣唐僧 円載の数奇な生涯――佐伯有清
- 遣唐使の見た中国――古瀬奈津子
- 古代の女性官僚 女官の出世・結婚・引退――伊集院葉子
- 〈謀反〉の古代史 平安朝の政治改革――春名宏昭
- 平安朝 女性のライフサイクル――服藤早苗
- 平安京のニオイ――安田政彦
- 平安京の災害史 都市の危機と再生――北村優季

歴史文化ライブラリー

- 平安京はいらなかった 古代の夢を喰らう中世—桃崎有一郎
- 天台仏教と平安朝文人—後藤昭雄
- 天神様の正体 菅原道真の生涯—森 公章
- 平将門の乱を読み解く—木村茂光
- 藤原摂関家の誕生 平安時代史の扉—米田雄介
- 安倍晴明 陰陽師たちの平安時代—繁田信一
- 平安時代の死刑 なぜ避けられたのか—戸川 点
- 古代の神社と神職 神をまつる人びと—加瀬直弥
- 古代の食生活 食べる・働く・暮らす—吉野秋二
- 大地の古代史 土地の生命力を信じた人びと—三谷芳幸
- 時間の古代史 霊鬼の夜、秩序の昼—三宅和朗

中世史

- 列島を翔ける平安武士 九州・京都・東国—野口 実
- 源氏と坂東武士—野口 実
- 敗者たちの中世争乱 年号から読み解く—関 幸彦
- 平氏が語る源平争乱—永井 晋
- 熊谷直実 中世武士の生き方—高橋 修
- 中世武士 畠山重忠 秩父平氏の嫡流—清水 亮
- 頼朝と街道 鎌倉政権の東国支配—木村茂光
- 大道 鎌倉時代の幹線道路—岡 陽一郎
- 鎌倉源氏三代記 一門・重臣と源家将軍—永井 晋
- 鎌倉北条氏の興亡—奥富敬之
- 三浦一族の中世—高橋秀樹
- 弓矢と刀剣 中世合戦の実像—近藤好和
- その後の東国武士団 源平合戦以後—関 幸彦
- 荒ぶるスサノヲ、七変化 〈中世神話〉の世界—斎藤英喜
- 曽我物語の史実と虚構—坂井孝一
- 鎌倉浄土教の先駆者 法然—中井真孝
- 親 鸞—平松令三
- 親鸞と歎異抄—今井雅晴
- 畜生・餓鬼・地獄の中世仏教史 因果応報と悪道—生駒哲郎
- 神や仏に出会う時 中世びとの信仰と絆—大喜直彦
- 神仏と中世人 宗教をめぐるホンネとタテマエ—衣川 仁
- 神風の武士像 蒙古合戦の真実—関 幸彦
- 鎌倉幕府の滅亡—細川重男
- 足利尊氏と直義 京の夢、鎌倉の夢—峰岸純夫
- 高 師直 室町新秩序の創造者—亀田俊和
- 新田一族の中世 「武家の棟梁」への道—田中大喜

歴史文化ライブラリー

大名行列を解剖する 江戸の人材派遣 — 根岸茂夫
江戸大名の本家と分家 — 野口朋隆
〈甲賀忍者〉の実像 — 藤田和敏
江戸の武家名鑑 武鑑と出版競争 — 藤實久美子
江戸の出版統制 弾圧に翻弄された戯作者たち — 佐藤至子
武士という身分 城下町萩の大名家臣団 — 森下 徹
旗本・御家人の就職事情 — 山本英貴
武士の奉公 本音と建前 江戸時代の出世と処世術 — 高野信治
宮中のシェフ、鶴をさばく 江戸時代の朝廷と庖丁道 — 西村慎太郎
馬と人の江戸時代 — 兼平賢治
犬と鷹の江戸時代 〈犬公方〉綱吉と〈鷹将軍〉吉宗 — 根崎光男
紀州藩主 徳川吉宗 明君伝説・宝永地震・隠密御用 — 藤本清二郎
近世の巨大地震 — 矢田俊文
江戸時代の孝行者 「孝義録」の世界 — 菅野則子
死者のはたらきと江戸時代 遺訓・家訓・辞世 — 深谷克己
近世の百姓世界 — 白川部達夫
闘いを記憶する百姓たち 江戸時代の裁判学習帳 — 八鍬友広
江戸のパスポート 旅の不安はどう解消されたか — 柴田 純
〈身売り〉の日本史 人身売買から年季奉公へ — 下重 清
江戸の捨て子たち その肖像 — 沢山美果子
江戸の乳と子ども いのちをつなぐ — 沢山美果子
エトロフ島 つくられた国境 — 菊池勇夫
江戸時代の医師修業 学問・学統・遊学 — 海原 亮
江戸の流行り病 麻疹騒動はなぜ起こったのか — 鈴木則子
江戸幕府の日本地図 国絵図・城絵図・日本図 — 川村博忠
江戸の地図屋さん 販売競争の舞台裏 — 俵 元昭
踏絵を踏んだキリシタン — 安高啓明
墓石が語る江戸時代 大名・庶民の墓事情 — 関根達人
石に刻まれた江戸時代 無縁・遊女・北前船 — 関根達人
近世の仏教 華ひらく思想と文化 — 末木文美士
松陰の本棚 幕末志士たちの読書ネットワーク — 桐原健真
龍馬暗殺 — 桐野作人
日本の開国と多摩 生糸・農兵・武州一揆 — 藤田 覚
幕末の世直し 万人の戦争状態 — 須田 努
幕末の海軍 明治維新への航跡 — 神谷大介
海辺を行き交うお触れ書き 浦触の語る徳川情報網 — 水本邦彦
江戸の海外情報ネットワーク — 岩下哲典

歴史文化ライブラリー

近・現代史

歴史文化ライブラリー

彫刻と戦争の近代——平瀬礼太
軍用機の誕生 日本軍の航空戦略と技術開発——水沢　光
首都防空網と〈空都〉多摩——鈴木芳行
帝都防衛 戦争・災害・テロ——土田宏成
陸軍登戸研究所と謀略戦 科学者たちの戦争——渡辺賢二
帝国日本の技術者たち——沢井　実
〈いのち〉をめぐる近代史 堕胎から人工妊娠中絶へ——岩田重則
強制された健康 日本ファシズム下の生命と身体——藤野　豊
戦争とハンセン病——藤野　豊
「自由の国」の報道統制 大戦下の日系ジャーナリズム——水野剛也
海外戦没者の戦後史 遺骨帰還と慰霊——浜井和史
学徒出陣 戦争と青春——蜷川壽惠
特攻隊の〈故郷〉 霞ヶ浦・筑波山・北浦・鹿島灘——伊藤純郎
沖縄戦 強制された「集団自決」——林　博史
陸軍中野学校と沖縄戦 知られざる少年兵「護郷隊」——川満　彰
沖縄からの本土爆撃 米軍出撃基地の誕生——林　博史
原爆ドーム 物産陳列館から広島平和記念碑へ——頴原澄子
米軍基地の歴史 世界ネットワークの形成と展開——林　博史
沖縄米軍基地全史——野添文彬
沖縄 占領下を生き抜く 軍用地・通貨・毒ガス——川平成雄
考証 東京裁判 戦争と戦後を読み解く——宇田川幸大
昭和天皇退位論のゆくえ——冨永　望
ふたつの憲法と日本人 戦前・戦後の憲法観——川口暁弘
首都改造 東京の再開発と都市政治——源川真希
鯨を生きる 鯨人の個人史・鯨食の同時代史——赤嶺　淳
文化財報道と新聞記者——中村俊介

文化史・誌

落書きに歴史をよむ——三上喜孝
霊場の思想——佐藤弘夫
跋扈《ばっこ》する怨霊 祟りと鎮魂の日本史——山田雄司
将門伝説の歴史——樋口州男
藤原鎌足、時空をかける 変身と再生の日本史——黒田　智
変貌する清盛 『平家物語』を書きかえる——樋口大祐
空海の文字とことば——岸田知子
日本禅宗の伝説と歴史——中尾良信
殺生と往生のあいだ 中世仏教と民衆生活——苅米一志
浦島太郎の日本史——三舟隆之
〈ものまね〉の歴史 仏教・笑い・芸能——石井公成

歴史文化ライブラリー

戒名のはなし——藤井正雄
墓と葬送のゆくえ——森 謙二
運 慶 その人と芸術——副島弘道
ほとけを造った人びと 止利仏師から運慶・快慶まで——根立研介
祇園祭 祝祭の京都——川嶋將生
洛中洛外図屛風 つくられた〈京都〉を読み解く——小島道裕
化粧の日本史 美意識の移りかわり——山村博美
乱舞の中世 白拍子・乱拍子・猿楽——沖本幸子
神社の本殿 建築にみる神の空間——三浦正幸
古建築を復元する 過去と現在の架け橋——海野 聡
大工道具の文明史 日本・中国・ヨーロッパの建築技術——渡邉 晶
苗字と名前の歴史——坂田 聡
日本人の姓・苗字・名前 人名に刻まれた歴史——大藤 修
大相撲行司の世界——根間弘海
日本料理の歴史——熊倉功夫
日本の味 醤油の歴史——林 玲子・天野雅敏編
中世の喫茶文化 儀礼の茶から「茶の湯」へ——橋本素子
香道の文化史——本間洋子
天皇の音楽史 古代・中世の帝王学——豊永聡美
流行歌の誕生 「カチューシャの唄」とその時代——永嶺重敏
話し言葉の日本史——野村剛史
柳宗悦と民藝の現在——松井 健
遊牧という文化 移動の生活戦略——松井 健
マザーグースと日本人——鷲津名都江
たたら製鉄の歴史——角田徳幸
金属が語る日本史 銭貨・日本刀・鉄炮——齋藤 努
書物と権力 中世文化の政治学——前田雅之
書物に魅せられた英国人 フランク・ホーレーと日本文化——横山 學
災害復興の日本史——安田政彦

民俗学・人類学

日本人の誕生 人類はるかなる旅——埴原和郎
倭人への道 人骨の謎を追って——中橋孝博
神々の原像 祭祀の小宇宙——新谷尚紀
役行者と修験道の歴史——宮家 準
幽霊 近世都市が生み出した化物——高岡弘幸
雑穀を旅する——増田昭子
川は誰のものか 人と環境の民俗学——菅 豊
名づけの民俗学 地名・人名はどう命名されてきたか——田中宣一